MUJERES QUE GUÍAN A MUJERES
A TRAVÉS DE LA BIBLIA

Biblia
MUJERES de
PROPÓSITO

EVANGELIO DE JUAN

CARIBE

Bienvenida a la *Biblia Mujeres de Propósito*. Me gustaría

darles la bienvenida a este maravilloso libro, que está lleno de palabras de Dios. Como usted ya sabe, este es un libro muy especial y único, diferente de cualquier otro en todo el mundo.

Muchos creyentes hoy claman a Dios por un mover poderoso del Espíritu Santo en la forma de un avivamiento arrollador. La historia nos habla de grandes avivamientos en el pasado que han estado marcados por heroínas de la fe. La creciente ola del poder de Dios que está a punto de llegar a la cumbre en las naciones de la tierra no será una excepción. Las Escrituras nos dicen en Hechos 2.17,18 que en los últimos días Él derramará su Espíritu sobre toda carne, y esto incluye a las mujeres de la tierra. Seguro esto sucederá en una medida mayor de lo que esas mujeres de fe que fueron antes que nosotros pudieron nunca imaginar; sus hijas profetizarán.

La promesa de Dios de que un gran derramamiento vendrá sobre sus doncellas resuena en los corazones de las colaboradoras de la *Biblia Mujeres de Propósito*. Como vivimos en el siglo veintiuno, un nuevo ejército completo de mujeres que aman a Dios con todo su corazón está listo para levantarse a proclamar las buenas nuevas de Jesucristo y su resurrección. Ellas le darán la vuelta al mundo con gritos de «¡Él vive!».

He hablado con las mujeres escritoras de esta Biblia, el entendimiento de ellas ha tocado mi vida de que tenemos que guiar a la próxima generación. Necesitamos grandemente disciplina para preparar a las Déboras, Esteres y a otras nuevas líderes que están surgiendo. Las madres necesitan ayuda en cómo disciplinar a sus hijos. Las mujeres ministros están buscando a las que fueron antes para que les enseñen cómo caminar en integridad.

No puedo escribir esta sección sin agradecer a la mujer que verdaderamente ha hecho posible esta Biblia. Ella ha trabajado largas horas, soñado grandes sueños, y rechazado rendirse cuando parecía imposible terminar en un tiempo límite. Le doy gracias especiales a Beth Clark de Biblias Nelson, a quien tengo el honor de llamarla mi amiga. Marcus Yoars, el asistente de Beth que ha soportado más de nosotras de lo que cualquier hombre debería haber tratado. También gracias al editor de Biblias Nelson, John Eames, por creer en este producto, y al experto equipo de editores y diseñadores de Nelson. ¡Ustedes son una bendición! Gracias a mi maravilloso esposo Mike, quien es mi mejor apoyo. Tengo que agradecer a Polly Simchen, mi secretaria, por toda su ayuda. Y finalmente, pero no menos importante, mi aprecio a todas las mujeres que han escrito para la Biblia por caminar una milla extra, frecuentemente muy cerca de las fechas límites. Las admiro y las amo a todas ustedes.

Mujeres de Dios, esta Biblia es un regalo especial de Dios para usted. Le enseñará cómo ser una vencedora en su vida y cómo convertirse en una mujer de propósito. Que nada se levante en su camino mientras alcanza el potencial máximo para lo cual el Padre la colocó en esta tierra.

Con su amor,

Cindy Jacobs

Notas

Del editor ejecutivo...

Es un placer darle la bienvenida a la *Biblia Mujeres de Propósito* como el miembro más nuevo de nuestra familia de Biblias orientadas hacia una vida llena del Espíritu.

Estoy entusiasmado por la obra del Espíritu Santo entre las mujeres de hoy, porque Él las está capacitando de muchas maneras. Creo en este proyecto y en el llamado de Dios en su vida. Oro para la Palabra de Dios la bendiga y sea el consejero divino que usted encuentre en este libro.

Que Dios las bendiga mientras toman su lugar en este reino. ℘

Jack W. Hayford

De la Casa Editora...

De vez en cuando, una editorial es bendecida por participar en un proyecto que parece tocado de manera inusual por la gracia de Dios. En Biblias Nelson hemos tenido esa experiencia con la Biblia Mujeres de Propósito. Hemos recorrido este camino junto con personas muy especiales que merecen reconocimientos por sus esfuerzos.

Queremos darle las gracias a Cindy Jacobs por el liderazgo extraordinario que ha tenido en esta Biblia y al grupo de personas que ha trabajado para que esta salga a la luz. Ella nos ha traído la guía y la visión verdadera del corazón de una verdadera sierva. Ella es una mujer de propósito en todo sentido, una gran amiga y una consejera consumada. Ha sido un privilegio y un placer para nosotros trabajar con ella.

Queremos también agradecer a todos nuestros colaboradores, que han compartido su visión con gracia, sus experiencias y su aliento. Hemos estado asombrados por su apoyo para esta Biblia y por su amor para las mujeres de propósito que han de leer este libro. Ellos son un grupo sorprendente del amor de Dios de mujeres líderes de Dios, y tenemos el honor de publicar parte de sus corazones y vidas que han compartido con nosotros.

Seguimos profundamente agradecidos a las huestes de intercesoras en los Estados Unidos y alrededor del mundo, que se han levantado fielmente en la brecha por nosotros y por las Biblia Mujeres de Propósito. Ellas son el ejército invisible que ha hecho posible la victoria. Aunque no sepamos sus nombres ni los pongamos en una lista en este libro, sus oraciones son valiosas y su contribución no tiene medida.

«¿Y quién sabe si para esta hora has llegado al reino?» (Est 4.14). ℘

LAS SAGRADAS ESCRITURAS SON NUESTRA «CARTA DE CASA.»

San Agustín

A toda mujer le encanta recibir una carta de amor, y la Palabra de Dios es precisamente eso. Desde Génesis hasta Apocalipsis, es una carta de amor que brota del corazón de nuestro Padre celestial. Es sin igual en su capacidad de consolar, asesorar, desafiar, exhortar y cambiar vidas.

La Biblia *Mujeres de Propósito* presenta de manera hermosa la riqueza y verdad eterna de la Palabra viva de Dios, así como palabras sabias de más de cien de las mujeres más respetadas en el Cuerpo de Cristo de hoy día. Estas amadas autoras, oradoras y líderes de ministerio se han unido para ayudarle a comprender y aplicar las Escrituras a su vida, conforme descubre y cumple el santo propósito de Dios con usted.

EN ESTA BIBLIA ENCONTRARÁ

CARTAS DE MUJERES DE PROPÓSITO

Más de 200 cartas escritas a usted, lectora, por las mujeres que usted más admira. Estas cartas íntimas tienen el propósito de guiarla a través de las Escrituras, conforme usted pone en práctica lo que Dios ha planeado para usted.

OREMOS CON LA PALABRA DE DIOS

Más de 300 oraciones tomadas directamente de las Escrituras le enseñarán cómo usar la Biblia en la oración y le ayudarán a orar así por sus seres queridos.

EL COFRE DE ESPERANZA

Un tesoro con las promesas bíblicas que nos dio Jesucristo, nuestro Esposo, a nosotras, su Esposa. Este cofre de esperanza le dice dónde hallar en la Biblia las promesas del Señor en cuanto a diversas circunstancias. Por ejemplo, hallará promesas de Cristo que la confortarán cuando se sienta sola o afligida, cuando necesite liberación o perdón, o cuando esté teniendo problemas familiares.

HEROÍNAS DE LA FE

Cincuenta historias inspiradoras de Mujeres de Propósito de la Biblia y de la historia mundial. Aprenda cómo muchas mujeres a través de las edades —desde Eva hasta Ana, y desde Jeanne Guyon hasta Amy Carmichael— oyeron y respondieron al llamado de Dios.

PALABRAS DE SABIDURÍA

Más de 300 citas contundentes de grandes hombres y mujeres de Dios en toda la historia del Cristianismo, entre ellos Oswald Chambers, Aimee Semple McPherson, Smith Wigglesworth, Kathryn Kuhlman, Andrew Murray y otros.

INTRODUCCIÓN A LOS LIBROS

Marilyn Hickey y Cindy Jacobs le ayudarán a comprender el tema y propósito de cada libro de la Biblia.

Con una bendición especial de Jack Hayford

¡Que Dios le bendiga conforme descubre y cumple el Propósito de Dios con usted!

Colaboradoras
a la Biblia Mujer de Propósito

Sue Ahn
Lora Allison
Beth Alves
Julie Anderson
Maria Annacondia
Shirley Arnold
Jill Austin
Lori Graham Bakker
Kim Bangs
Vicki Bartholomew
Rebecca Bauer
Naomi Beard
Lisa Bevere
Connie Broome
Rachel Burchfield
Doris Bush
Cecilia Caballeros
Agatha Chan
Bonnie Chavda
Pat Chen
Beth Clark
Nancy Corbett Cole
Jamie Owens Collins
Germaine Copeland
Sue Curran
Sharon Damazio
Sharon Daugherty
Joy Dawson
Kathleen Dillard
Naomi Dowdy
Megan Doyle
Dee Eastman
Tommy Femrite
Mary Forsythe
Betty Freidzon
Ruthanne Garlock
Mary Glazier
Michal Ann Goll

Kathy Gray
Melody Green
Catherine Berg Greig
Doris Greig
Jill Griffith
Diana Hagee
Jane Hamon
Jane Hansen
Anna Hayford
Ruth Ward Heflin
Solveig Henderson
Marilyn Hickey
Jeri Hill
Nancy Hinkle
Suzanne Hinn
Sally Horton
Esther Ilnisky
Cindy Jacobs
Serita Jakes
Barbara James
Brenda Kilpatrick
Cathy Lechner
Freda Lindsay
Ginger Lindsay
Katie Luce
Colleen Morocco
Judith Christie-McAllister
Terry Meeuwsen
Bobbie Jean Merck
Linda Mintle
Margaret Moberly
Susan Moore
Leslyn Musch
Betsy Neuenschwander
Carol Noe
Agnes Numer
LaDonna Osborn
Lisa Otis

Carol Owens
Fawn Parish
Gina Pearson
Fuchsia Pickett
Mary Jean Pidgeon
Pam Pierce
Faeona Pratney
Judy Radachy
Gloria Richards
Evelyn Roberts
Lindsay Roberts
A G. Rodriguez
Susan Ryan
Cheryl Sacks
Paula Sandford
Kathleen Scataglini
Gwen Shaw
Ceci Sheets
Dana Sherrard
Quin Sherrer
Ruth Silvoso
Polly Simchen
Alice Smith
Judy Smith
Kara Quinn-Smith
Rebecca Wagner Sytsema
Thetus Tenney
Lila Terhune
Betty Thiessen
Brenda Timberlake
Iverna Tompkins
LaNora Van Arsdall
Doris Wagner
Nola Warren
Joann Cole Webster
Barbara Wentroble
Miriam Witt
Barbara Yoder

Cómo nacer de nuevo

CINDY JACOBS

Suponga que lee esta Biblia porque está interesada en aprender más acerca de Dios. Puede ser que una amiga le ha hablado acerca de Él y de su Hijo Jesucristo. Para poder entender completamente las palabras que está a punto de leer, es importante tener la clave de este libro. La clave es algo que la Biblia llama nacer de nuevo (véase Juan 3.3-9).

Usted podría preguntarse: ¿Como puedo nacer de nuevo si ya nací una vez como una niña? Alguien más hizo la misma pregunta hace mucho tiempo. Su nombre es Nicodemo, y su historia se encuentra en el libro de Juan (puede encontrar este relato en la página XXX).

Jesús le dijo a Nicodemo que además de su nacimiento físico, él también necesitaba nacer en el reino de Dios. Le dijo que Dios lo había enviado a Él al mundo para el que creyera en Él tenga vida eterna. Esto es a lo que llamamos «convertirse en cristiano».

Como puede ver todos nosotros en esta tierra cometemos pecado y hacemos cosas incorrectas. Quizá sean cosas que nadie puede ver; pero ninguno es perfecto (véase Ro 3.23). Solo Jesucristo fue perfecto, porque Él es Dios. Él murió por usted en la cruz para pagar el precio por sus pecados. En resumen, Él dio su vida por la de usted para que usted no tenga que morir e ir a un lugar llamado infierno.

El infierno no fue preparado para usted sino para Satanás. Sin embargo, todos los que alguna vez han pecado han sido sentenciados a ir a ese lugar horrible. Por eso es que Jesús ha muerto en su lugar; para que usted pueda pedirle a Él que perdone sus pecados, sea limpia de ellos, y en lugar de ir al infierno valla al cielo.

No creo que es por casualidad que usted ha abierto esta Biblia hoy. Dios mismo la ha dirigido a leerla. Si usted le pide a Jesús que entre a su vida y le pide que perdone sus pecados, entonces se convertirá en hija de Dios.

¿Por qué no toma un momento y hace esta oración conmigo? Su vida cambiará para siempre:

> *Querido Dios:*
> *Me doy cuenta que soy pecadora y necesito perdón. Por favor entra a mi corazón y a mi vida y perdona de mi pecado y todas las cosas incorrectas que he hecho en mi vida. Quiero nacer de nuevo y convertirme en tu hija. En el nombre de Jesús, Amén.*

Querida amiga, si hizo esa oración, ahora es mi hermanan en el Señor. Si tuviera que morir ahora (y creemos que eso no sucederá), irá directamente al cielo. Usted está perdonada y limpiada de sus pecados.

Ahora es importante que encuentre una buena iglesia que crea en el nuevo nacimiento. Oro para que el Señor la guíe a la iglesia apropiada para usted; una en la que pueda crecer como cristiana y aprender más de cómo ser hija de Dios. ℘

Cómo ser llenos del Espíritu Santo

Marilyn Hickey

*S*epa que Dios tiene en alta estima el bautismo del Espíritu Santo, porque Él profetizó acerca de esto: «Y después de esto derramaré mi Espíritu sobre toda carne» (Joel 2.28).

El bautismo del Espíritu Santo en un don que Dios quiere que tengamos. Crea que Dios quiere darle lo mejor de Él, así como dio lo mejor cuando dio a su Hijo Jesucristo. Si Jesús, los discípulos, y la iglesia primitiva, fueron todos bautizados en el Espíritu Santo, entonces este bautismo es para usted también. Usted es miembro del mismo cuerpo, y Dios no le negará ninguna cosa buena: «Pues si vosotros, siendo malos, sabéis dar buenas dádivas a nuestros hijos, ¿cuanto más vuestro Padre celestial dará el Espíritu Santo a los que se lo pidan? (Lc 11.13).

El Padre da buenos dones, y Él no le dará nada falso. Reciba el Espíritu Santo por fe, así como recibió la salvación por fe. Dios imparte el bautismo del Espíritu Santo de dos maneras:

Por derramamiento soberano (véase Hch 2.1-4; 10; 44-48). Muchas veces Jesús sencillamente bautizó a las personas con el Espíritu Santo en cualquier lugar donde estaban, cada vez que se lo pedían. Otras veces, ellos ni siguiera lo pedían y eran bautizados con el Espíritu Santo porque alguien oraba por ellos. Jesús es un dador, y a Él le gusta dar su don más precioso: El Espíritu de Dios.

Mediante el ministerio de la imposición de manos. A veces los cristianos pueden tener algún miembro del cuerpo de Cristo que les imponga las manos sobre ellos para recibir el bautismo del Espíritu Santo (véase Hch 8.14-19).

Hablar en lenguas es una evidencia del Espíritu Santo dentro de usted. Hablar en lenguas es una manera de Dios de edificarla espiritualmente: «Pero vosotros, amados, edificándoos sobre vuestra santísima fe, orando en el Espíritu Santo» (Jud 20).

Cuando ora en el Espíritu, va directamente a Dios y sobrepasa su entendimiento. Orar en lenguas elimina el egoísmo de nuestras oraciones ya que son guiadas directamente por Dios. Usted ora de acuerdo con su voluntad, e ¡incluso ora por asuntos que puede no conocer! «Y de igual manera el Espíritu nos ayuda en nuestra debilidad; pues qué hemos de pedir como conviene, no lo sabemos, pero el Espíritu mismo intercede por nosotros con gemidos indecibles. Más el que escudriña los corazones sabe cuál es la intención del Espíritu, porque conforme a la voluntad de Dios intercede por los santos. Y sabemos que a los que aman a Dios, todas las cosas les ayudan a bien, esto es, a los que conforme a su propósito son llamados» (Ro 8.26-28).

Su bautismo en el Espíritu Santo sucede solo una vez en la vida. Pero el «ser llenos» es algo continuo. Ser llenos del Espíritu comienza con el bautismo del Espíritu Santo, pero nunca debe dejar de recibir el Espíritu del Señor. El llenarse del Espíritu Santo continúa y continúa (véase Ef 5.18). Hay una fuente dentro de usted. No deje que el pecado o la vida egoísta detenga este fluir. Usted puede ser llena diariamente. Siga llenándose, siga llenándose, siga llenándose. Usted está en camino a la vida más rica que nunca habrá tenido, cuando camina en la abundancia de la vida en Cristo cada día. ℰ

AUTOR: *El Apóstol Juan*

FECHA: *Alrededor del año 85 d.C.*

TEMA: *Conocer a Dios al creer en Jesucristo*

PALABRAS CLAVE:

Creer, ser testigo, vida

JUAN

Querida mujer de propósito:

El Evangelio de Juan está lleno de estímulo para mujeres como nosotras para conocer a Dios al creer en Jesucristo como nuestro Salvador. Cada una de nosotras tiene que tener una relación personal con Él. En Juan 4.1-26, vemos la discusión teológica más larga que tuvo Jesús con persona alguna en la Biblia, y fue con la mujer samaritana. No solo los rabinos de aquella época no discutían teología con mujeres sino que consideraban a la mujer samaritana en particular impura. Quizás usted se sienta que ha hecho tantas cosas malas en su vida que ya Dios no la quiere como su hija. O quizás piense que no tiene talento para que Él la use. ¡Nada podría estar más lejos de la verdad! Usted es una mujer de propósito, especialmente creada por Dios para este tiempo.

Con su amor,

Cindy Jacobs

El Verbo hecho carne

En el principio era el Verbo, y el Verbo era con Dios, y el Verbo era Dios. ² Este era en el principio con Dios. ³ Todas las cosas por él fueron hechas, y sin él nada de lo que ha sido hecho, fue hecho. ⁴ En él estaba la vida, y la vida era la luz de los hombres. ⁵ La luz en las tinieblas resplandece, y las tinieblas no prevalecieron contra ella.

⁶ Hubo un hombre enviado de Dios, el cual se llamaba Juan. ⁷ Este vino por testimonio, para que diese testimonio de la luz, a fin de que todos creyesen por él. ⁸ No era él la luz, sino para que diese testimonio de la luz.

⁹ Aquella luz verdadera, que alumbra a todo hombre, venía a este mundo. ¹⁰ En el mundo estaba, y el mundo por él fue hecho; pero el mundo no le conoció. ¹¹ A lo suyo vino, y los suyos no le recibieron. ¹² Mas a todos los que le recibieron, a los que creen en su nombre, les dio potestad de ser hechos hijos de Dios; ¹³ los cuales no son engendrados de sangre, ni de voluntad de carne, ni de voluntad de varón, sino de Dios.

Te alabamos, Señor Jesús, porque a todos los que te reciben les das potestad de ser hechos hijos de Dios. Te pido que _____ te reciba y crea en tu nombre.

DE JUAN 1.12

¹⁴ Y aquel Verbo fue hecho carne, y habitó entre nosotros (y vimos su gloria, gloria como del unigénito del Padre), lleno de gracia y de verdad. ¹⁵ Juan dio testimonio de él, y clamó diciendo: Este es de quien yo decía: El que viene después de mí, es antes de mí; porque era primero que yo. ¹⁶ Porque de su plenitud tomamos todos, y gracia sobre gracia. ¹⁷ Pues la ley por medio de Moisés fue dada, pero la gracia y la verdad vinieron por medio de Jesucristo. ¹⁸ A Dios nadie le vio jamás; el unigénito Hijo, que está en el seno del Padre, él le ha dado a conocer.

La manera de Dios de salvar el alma, de sanar el cuerpo, y de hacer todo lo demás que quiere hacer, es enviar su Palabra, su promesa, y entonces cumplir la promesa cuando esta produce fe.

F. F. BOSWORTH

Testimonio de Juan el Bautista

¹⁹ Este es el testimonio de Juan, cuando los judíos enviaron de Jerusalén sacerdotes y levitas para que le preguntasen: ¿Tú, quién eres? ²⁰ Confesó, y no negó, sino confesó: Yo no soy el Cristo. ²¹ Y le preguntaron: ¿Qué pues? ¿Eres tú Elías? Dijo: No soy. ¿Eres tú el profeta? Y respondió: No. ²² Le dijeron: ¿Pues quién eres? para que demos respuesta a los que nos enviaron. ¿Qué dices de ti mismo? ²³ Dijo: Yo soy la voz de uno que clama en el desierto: Enderezad el camino del Señor, como dijo el profeta Isaías.

²⁴ Y los que habían sido enviados eran de los fariseos. ²⁵ Y le preguntaron, y le dijeron: ¿Por qué, pues, bautizas, si tú no eres el Cristo, ni Elías, ni el profeta? ²⁶ Juan les respondió diciendo: Yo bautizo con agua; mas en medio de vosotros está uno a quien vosotros no conocéis. ²⁷ Este es el que viene después de mí, el que es antes de mí, del cual yo no soy digno de desatar la correa del calzado. ²⁸ Estas cosas sucedieron en Betábara, al otro lado del Jordán, donde Juan estaba bautizando.

CAPÍTULO 1
1 Col 1.17;
1 Jn 1.1;
Flp 2.6

3 Col 1.16;
Heb 1.2
4 Jn 5.26;
11.25; 14.6
5 Jn 3.19;
9.5; 12.46

7 Hch 19.4

8 V. 20

9 Is 49.6;
1 Jn 2.8
10 Col 1.16;
Heb 1.2
12 Gl 3.26;
Jn 3.18;
1 Jn 5.13

13 Jn 3.5,6;
Stg 1.18;
1 P 1.23

14 Ro 1.3;
Gl 4.4;
1 Ti 3.16;
Heb 2.14
15 V. 30
16 Ef 1.23;
Col 1.19
17 Ro 3.24
18 Éx 33.20;
Jn 6.46;
1 Jn 4.9
20 Jn 3.28;
Lc 3.15,16
21 Mt 11.14;
16.14;
Dt 18.15
23 Mt 3.1;
Mc 1.3;
Lc 3.4;
Is 40.3
26 Hch 1.5
27 Vv. 15,30
28 Jn 3.26;
10.40

El Cordero de Dios

²⁹ El siguiente día vio Juan a Jesús que venía a él, y dijo: He aquí el Cordero de Dios, que quita el pecado del mundo. ³⁰ Este es aquel de quien yo dije: Después de mí viene un varón, el cual es antes de mí; porque era primero que yo. ³¹ Y yo no le conocía; mas para que fuese manifestado a Israel, por esto vine yo bautizando con agua. ³² También dio Juan testimonio, diciendo: Vi al Espíritu que descendía del cielo como paloma, y permaneció sobre él. ³³ Y yo no le conocía; pero el que me envió a bautizar con agua, aquél me dijo: Sobre quien veas descender el Espíritu y que permanece sobre él, ése es el que bautiza con el Espíritu Santo. ³⁴ Y yo le vi, y he dado testimonio de que éste es el Hijo de Dios.

Los primeros discípulos

³⁵ El siguiente día otra vez estaba Juan, y dos de sus discípulos. ³⁶ Y mirando a Jesús que andaba por allí, dijo: He aquí el Cordero de Dios. ³⁷ Le oyeron hablar los dos discípulos, y siguieron a Jesús. ³⁸ Y volviéndose Jesús, y viendo que le seguían, les dijo: ¿Qué buscáis? Ellos le dijeron: Rabí (que traducido es, Maestro), ¿dónde moras? ³⁹ Les dijo: Venid y ved. Fueron, y vieron donde moraba, y se quedaron con él aquel día; porque era como la hora décima. ⁴⁰ Andrés, hermano de Simón Pedro, era uno de los dos que habían oído a Juan, y habían seguido a Jesús. ⁴¹ Este halló primero a su hermano Simón, y le dijo: Hemos hallado al Mesías (que traducido es, el Cristo). ⁴² Y le trajo a Jesús. Y mirándole Jesús, dijo: Tú eres Simón, hijo de Jonás; tú serás llamado Cefas (que quiere decir, Pedro).

Jesús llama a Felipe y a Natanael

⁴³ El siguiente día quiso Jesús ir a Galilea, y halló a Felipe, y le dijo: Sígueme. ⁴⁴ Y Felipe era de Betsaida, la ciudad de Andrés y Pedro. ⁴⁵ Felipe halló a Natanael, y le dijo: Hemos hallado a aquél de quien escribió Moisés en la ley, así como los profetas: a Jesús, el hijo de José, de Nazaret. ⁴⁶ Natanael le dijo: ¿De Nazaret puede salir algo de bueno? Le dijo Felipe:

Ven y ve. ⁴⁷ Cuando Jesús vio a Natanael que se le acercaba, dijo de él: He aquí un verdadero israelita, en quien no hay engaño. ⁴⁸ Le dijo Natanael: ¿De dónde me conoces? Respondió Jesús y le dijo: Antes que Felipe te llamara, cuando estabas debajo de la higuera, te vi. ⁴⁹ Respondió Natanael y le dijo: Rabí, tú eres el Hijo de Dios; tú eres el Rey de Israel. ⁵⁰ Respondió Jesús y le dijo: ¿Porque te dije: Te vi debajo de la higuera, crees? Cosas mayores que estas verás. ⁵¹ Y le dijo: De cierto, de cierto os digo: De aquí adelante veréis el cielo abierto, y a los ángeles de Dios que suben y descienden sobre el Hijo del Hombre.

Las bodas de Caná

2 Al tercer día se hicieron unas bodas en Caná de Galilea; y estaba allí la madre de Jesús. ² Y fueron también invitados a las bodas Jesús y sus discípulos. ³ Y faltando el vino, la madre de Jesús le dijo: No tienen vino. ⁴ Jesús le dijo: ¿Qué tienes conmigo, mujer? Aún no ha venido mi hora. ⁵ Su madre dijo a los que servían: Haced todo lo que os dijere. ⁶ Y estaban allí seis tinajas de piedra para agua, conforme al rito de la purificación de los judíos, en cada una de las cuales cabían dos o tres cántaros. ⁷ Jesús les dijo: Llenad estas tinajas de agua. Y las llenaron hasta arriba. ⁸ Entonces les dijo: Sacad ahora, y llevadlo al maestresala. Y se lo llevaron. ⁹ Cuando el maestresala probó el agua hecha vino, sin saber él de dónde era, aunque lo sabían los sirvientes que habían sacado el agua, llamó al esposo, ¹⁰ y le dijo: Todo hombre sirve primero el buen vino, y cuando ya han bebido mucho, entonces el inferior; mas tú has reservado el buen vino hasta ahora. ¹¹ Este principio de señales hizo Jesús en Caná de Galilea, y manifestó su gloria; y sus discípulos creyeron en él.

¹² Después de esto descendieron a Capernaum, él, su madre, sus hermanos y sus discípulos; y estuvieron allí no muchos días.

Jesús purifica el templo

¹³ Estaba cerca la pascua de los judíos; y subió Jesús a Jerusalén, ¹⁴ y halló en el

---

29 Is 53.7;
1 P 1.19

30 Vv. 15,27

32 Mt 3.16;
Mc 1.10;
Lc 3.22

33 Mt 3.11;
Hch 1.5

34 V. 49
35 V. 29
36 V. 29
38 V. 49
40 Mt 4.18-22;
Mc 1.16-20;
Lc 5.2-11
41 Dn 9.25;
Jn 4.25
42 Jn 21.15-17
1 Co 15.5;
Mt 16.18
43 Mt 10.3;
Jn 6.5,7;
12.21,22;
14.8,9
44 Jn 12.21
45 Jn 21.2;
Lc 24.27;
Mt 2.23;
Lc 2.4
46 Jn 7.41,42
47 Sal 32.2;
73.1;
Ro 9.4,6
49 Vv. 38,34;
Mt 2.2;
Mc 15.32;
Jn 12.13
51 Gn 28.12;
Mt 3.16;
Lc 3.21;
Mt 8.20

CAPÍTULO 2
1 Jn 4.46;
21.2
4 Jn 19.26;
7.6,30; 8.20
6 Mc 7.3,4;
Jn 3.25
9 Jn 4.46
11 Jn 1.14
12 Mt 4.13;
12.46
13 Jn 6.4;
11.55;
Dt 16.1-6;
Lc 2.41

templo a los que vendían bueyes, ovejas y palomas, y a los cambistas allí sentados. ¹⁵ Y haciendo un azote de cuerdas, echó fuera del templo a todos, y las ovejas y los bueyes; y esparció las monedas de los cambistas, y volcó las mesas; ¹⁶ y dijo a los que vendían palomas: Quitad de aquí esto, y no hagáis de la casa de mi Padre casa de mercado. ¹⁷ Entonces se acordaron sus discípulos que está escrito: El celo de tu casa me consume. ¹⁸ Y los judíos respondieron y le dijeron: ¿Qué señal nos muestras, ya que haces esto? ¹⁹ Respondió Jesús y les dijo: Destruid este templo, y en tres días lo levantaré. ²⁰ Dijeron luego los judíos: En cuarenta y seis años fue edificado este templo, ¿y tú en tres días lo levantarás? ²¹ Mas él hablaba del templo de su cuerpo. ²² Por tanto, cuando resucitó de entre los muertos, sus discípulos se acordaron que había dicho esto; y creyeron la Escritura y la palabra que Jesús había dicho.

Jesús conoce a todos los hombres

²³ Estando en Jerusalén en la fiesta de la pascua, muchos creyeron en su nombre, viendo las señales que hacía. ²⁴ Pero Jesús mismo no se fiaba de ellos, porque conocía a todos, ²⁵ y no tenía necesidad de que nadie le diese testimonio del hombre, pues él sabía lo que había en el hombre.

Jesús y Nicodemo

3 Había un hombre de los fariseos que se llamaba Nicodemo, un principal entre los judíos. ² Este vino a Jesús de noche, y le dijo: Rabí, sabemos que has venido de Dios como maestro; porque nadie puede hacer estas señales que tú haces, si no está Dios con él. ³ Respondió Jesús y le dijo: De cierto, de cierto te digo, que el que no naciere de nuevo, no puede ver el reino de Dios. ⁴ Nicodemo le dijo: ¿Cómo puede un hombre nacer siendo viejo? ¿Puede acaso entrar por segunda vez en el vientre de su madre, y nacer? ⁵ Respondió Jesús: De cierto, de cierto te digo, que el que no naciere de agua y del Espíritu, no puede entrar en el reino de Dios. ⁶ Lo que es nacido de la carne, carne es; y lo que es nacido del Espíritu, espíritu es.

⁷ No te maravilles de que te dije: Os es necesario nacer de nuevo. ⁸ El viento sopla de donde quiere, y oyes su sonido; mas ni sabes de dónde viene, ni a dónde va; así es todo aquel que es nacido del Espíritu.

> *Dios no pone parches en la vida vieja, ni hace algunas reparaciones en la vida vieja; Él da una nueva vida, mediante el nuevo nacimiento.*
>
> KATHRYN KUHLMAN

⁹ Respondió Nicodemo y le dijo: ¿Cómo puede hacerse esto? ¹⁰ Respondió Jesús y le dijo: ¿Eres tú maestro de Israel, y no sabes esto? ¹¹ De cierto, de cierto te digo, que lo que sabemos hablamos, y lo que hemos visto, testificamos; y no recibís nuestro testimonio. ¹² Si os he dicho cosas terrenales, y no creéis, ¿cómo creeréis si os dijere las celestiales? ¹³ Nadie subió al cielo, sino el que descendió del cielo; el Hijo del Hombre, que está en el cielo. ¹⁴ Y como Moisés levantó la serpiente en el desierto, así es necesario que el Hijo del Hombre sea levantado, ¹⁵ para que todo aquel que en él cree, no se pierda, mas tenga vida eterna.

De tal manera amó Dios al mundo

¹⁶ ❧ Porque de tal manera amó Dios al mundo, que ha dado a su Hijo unigénito, para que todo aquel que en él cree, no se pierda, mas tenga vida eterna. ❧ ¹⁷ Porque no envió Dios a su Hijo al mundo para condenar al mundo, sino para que el mundo sea salvo por él.

¹⁸ El que en él cree, no es condenado; pero el que no cree, ya ha sido condenado, porque no ha creído en el nombre del unigénito Hijo de Dios. ¹⁹ Y esta es la

---

16 Lc 2.49

17 Sal 69.9

18 Mt 12.38

19 Mt 26.61;
27.40;
Mc 14.58

21 1 Co 6.19
22 Lc 24.8;
Jn 12.16;
14.26

23 V. 13
25 Jn 6.61,64;
13.11

CAPÍTULO 3
1 Jn 7.50;
19.39;
Lc 23.13;
Jn 7.26
2 Jn 9.16,33;
Hch 2.22;
10.38
3 Tit 3.5;
Stg 1.18;
1 P 1.23;
1 Jn 3.9
5 Ef 5.26;
Tit 3.5
6 Jn 1.13;
1 Co 15.50
8 1 Co 2.11
9 Jn 6.52,60
10 Lc 2.46
11 Jn 7.16,17
13 Pr 30.4;
Hch 2.34;
Ro 10.6;
Ef 4.9
14 Nm 21.9;
Jn 8.28;
12.34
15 V. 36;
Jn 20.21;
1 Jn 5.11-13
16 Ro 5.8;
1 Jn 4.9
17 Jn 5.36,38;
8.15; 12.47;
1 Jn 4.14
18 Jn 5.24;
1 Jn 4.9
19 Jn 1.4; 8.12

Querida mujer de propósito:

¿Acabó de levantar esta Biblia y se pregunta si tuviera algunas respuestas para usted? o tal vez alguien se la dio como un regalo. Incluso las palabras *Mujer de propósito* pueden parecer una burla cuando mira su vida y se pregunta dónde está el significado de todo esto. Siga leyendo porque hay un destino y un propósito para su vida; incluso una vida abundante que Dios ha prometido a todo el que viene a Él.

Juan 3.16 es probablemente el versículo más citado en la Biblia. Jesús habla estas palabras a un líder religioso altamente respetado, Nicodemo, que era probablemente rico y bien educado, pero no entendía los conceptos espirituales como «nacer de nuevo». Jesús enfatizaba que esto no era un ejercicio religioso, sino realmente una metamorfosis de un estado terrestre semejante a la oruga a ser transformado a semejanza de una mariposa de nueva creación eternamente liberada.

Muchos piensan que Jesús es un opresor de las mujeres, pero es realmente lo contrario. Él alcanzó a la prostituta y restauró su dignidad. Él levantó a la mujer que estaba oprimida por su larga batalla con la enfermedad y sanó su cuerpo. Él atravesó las barreras raciales y de género con la mujer samaritana para traer perdón y vida nueva. A las oprimidas les dio esperanza y restauración.

Dios la ama tanto que si usted hubiera sido la única persona de este planeta, Él aun hubiera enviado a su único hijo, Jesús, a nacer de una virgen, vivir una vida de sacrificios para alcanzar a otros y después hacer el sacrificio final de clavarse en una cruz por nuestros pecados. El pecado, nuestras elecciones egoístas, nos separa de Dios. Es el pecado, no Dios, el que causa las guerras y que los niños mueran de hambre. Dios es un padre amoroso y desea tener relación con cada uno de nosotros individualmente. Pero Él no entrará a la fuerza en la vida de nadie, Él es un caballero. Él solo está parado a la puerta de nuestros corazones y toca suavemente. Él nunca derriba la puerta, sino que espera pacientemente que respondamos.

Dios ha dado los dos primeros pasos: Nos amó y dio a su hijo único. Ahora nosotras tenemos que dar un paso hacia Él: "creer" que no es solo un asentimiento mental, sino confiar en Él, descansar en Él, poner toda nuestra confianza en el Dios del universo.

Él promete que si le dejamos entrar a la sala, el sótano, el cuarto, todos los clósets sucios de nuestras vidas, Él no solo limpiará la casa sino que la volverá a decorar también. Él nos dará también un seguro de vida eterno. ¡Qué trato!

¿Quiere esa nueva vida mientras vive sobre esta tierra; saber que tendrá vida eterna después de la muerte? Todo lo que necesita hacer es confesar: «Jesús he pecado y a veces he estropeado mi vida. Necesito tu perdón». Después pregúntale: «Jesús, ¿vendrás a mi vida y a mi "casa limpia". Y ¿me darás la seguridad de que tendré vida eterna contigo en los cielos cuando muera?»

Él está esperando. ¡En realidad ha estado esperando durante toda la vida de usted, todo el tiempo, por este momento!

Judy Radachy.

condenación: que la luz vino al mundo, y los hombres amaron más las tinieblas que la luz, porque sus obras eran malas. [20] Porque todo aquel que hace lo malo, aborrece la luz y no viene a la luz, para que sus obras no sean reprendidas. [21] Mas el que practica la verdad viene a la luz, para que sea manifiesto que sus obras son hechas en Dios.

🔖

Padre, gracias por amar a __ tanto que diste a tu hijo unigénito, para que si _____ creen en ti no se pierdan mas tengan vida eterna. Te pido que mediante Jesús, _____ sean salvos.

DE JUAN 3.16,17

El amigo del esposo

[22] Después de esto, vino Jesús con sus discípulos a la tierra de Judea, y estuvo allí con ellos, y bautizaba. [23] Juan bautizaba también en Enón, junto a Salim, porque había allí muchas aguas; y venían, y eran bautizados. [24] Porque Juan no había sido aún encarcelado.

[25] Entonces hubo discusión entre los discípulos de Juan y los judíos acerca de la purificación. [26] Y vinieron a Juan y le dijeron: Rabí, mira que el que estaba contigo al otro lado del Jordán, de quien tú diste testimonio, bautiza, y todos vienen a él. [27] Respondió Juan y dijo: No puede el hombre recibir nada, si no le fuere dado del cielo. [28] Vosotros mismos me sois testigos de que dije: Yo no soy el Cristo, sino que soy enviado delante de él. [29] El que tiene la esposa, es el esposo; mas el amigo del esposo, que está a su lado y le oye, se goza grandemente de la voz del esposo; así pues, este mi gozo está cumplido. [30] Es necesario que él crezca, pero que yo mengüe.

El que viene de arriba

[31] El que de arriba viene, es sobre todos; el que es de la tierra, es terrenal, y cosas terrenales habla; el que viene del cielo, es sobre todos. [32] Y lo que vio y oyó, esto testifica; y nadie recibe su testimonio. [33] El que recibe su testimonio, éste atestigua que Dios es veraz. [34] Porque el que Dios envió, las palabras de Dios habla; pues Dios no da el Espíritu por medida. [35] El Padre ama al Hijo, y todas las cosas ha entregado en su mano.

[36] El que cree en el Hijo tiene vida eterna; pero el que rehúsa creer en el Hijo no verá la vida, sino que la ira de Dios está sobre él.

Jesús y la mujer samaritana

4 Cuando, pues, el Señor entendió que los fariseos habían oído decir: Jesús hace y bautiza más discípulos que Juan [2] (aunque Jesús no bautizaba, sino sus discípulos), [3] salió de Judea, y se fue otra vez a Galilea. [4] Y le era necesario pasar por Samaria. [5] Vino, pues, a una ciudad de Samaria llamada Sicar, junto a la heredad que Jacob dio a su hijo José. [6] Y estaba allí el pozo de Jacob. Entonces Jesús, cansado del camino, se sentó así junto al pozo. Era como la hora sexta.

[7] Vino una mujer de Samaria a sacar agua; y Jesús le dijo: Dame de beber. [8] Pues sus discípulos habían ido a la ciudad a comprar de comer. [9] La mujer samaritana le dijo: ¿Cómo tú, siendo judío, me pides a mí de beber, que soy mujer samaritana? Porque judíos y samaritanos no se tratan entre sí. [10] Respondió Jesús y le dijo: Si conocieras el don de Dios, y quién es el que te dice: Dame de beber; tú le pedirías, y él te daría agua viva. [11] La mujer le dijo: Señor, no tienes con qué sacarla, y el pozo es hondo. ¿De dónde, pues, tienes el agua viva? [12] ¿Acaso eres tú mayor que nuestro padre Jacob, que nos dio este pozo, del cual bebieron él, sus hijos y sus ganados? [13] Respondió Jesús y le dijo: Cualquiera que bebiere de esta agua, volverá a tener sed; [14] mas el que bebiere del agua que yo le daré, no tendrá sed jamás; sino que el agua que yo le daré será en él una fuente de agua que salte para vida eterna. [15] La mujer le dijo: Señor, dame esa agua, para que no tenga yo sed, ni venga aquí a sacarla.

20 Ef 5.11,13
21 1 Jn 1.6
22 Jn 4.2
24 Mt 4.12; 14.3
25 Jn 2.6
26 Jn 1.7,28
27 1 Co 4.7; Heb 5.4
28 Jn 1.20,23
29 Mc 2.19,20; Mt 25.1; Jn 15.11; 16.24
31 Jn 8.23; 1 Jn 4.5
32 V. 11; Jn 8.26; 15.15
33 Ro 4.11; 15.28; Ef 1.13; 4.30
34 Mt 12.18; Lc 4.18
35 Mt 28.18; Jn 5.20,22; 17.2
36 Jn 5.24; 6.47

CAPÍTULO 4
1 Jn 3.22,26
3 Jn 3.22
4 Lc 9.52
5 Gn 33.19; 48.22; Jos 24.32
8 Vv. 5,39
9 Mt 10.5; Lc 9.52,53; Jn 8.48
10 Is 44.3; Jn 7.37; Ap 21.6; 22.17
12 V. 6
14 Jn 6.35; 7.38
15 Jn 6.34

16 Jesús le dijo: Ve, llama a tu marido, y ven acá. 17 Respondió la mujer y dijo: No tengo marido. Jesús le dijo: Bien has dicho: No tengo marido; 18 porque cinco maridos has tenido, y el que ahora tienes no es tu marido; esto has dicho con verdad. 19 Le dijo la mujer: Señor, me parece que tú eres profeta. 20 Nuestros padres adoraron en este monte, y vosotros decís que en Jerusalén es el lugar donde se debe adorar. 21 Jesús le dijo: Mujer, créeme, que la hora viene cuando ni en este monte ni en Jerusalén adoraréis al Padre. 22 Vosotros adoráis lo que no sabéis; nosotros adoramos lo que sabemos; porque la salvación viene de los judíos. 23 ⚲ Mas la hora viene, y ahora es, cuando los verdaderos adoradores adorarán al Padre en espíritu y en verdad; porque también el Padre tales adoradores busca que le adoren. 24 Dios es Espíritu; y los que le adoran, en espíritu y en verdad es necesario que adoren. ⚲ 25 Le dijo la mujer: Sé que ha de venir el Mesías, llamado el Cristo; cuando él venga nos declarará todas las cosas. 26 Jesús le dijo: Yo soy, el que habla contigo.

27 En esto vinieron sus discípulos, y se maravillaron de que hablaba con una mujer; sin embargo, ninguno dijo: ¿Qué preguntas? o, ¿Qué hablas con ella? 28 Entonces la mujer dejó su cántaro, y fue a la ciudad, y dijo a los hombres: 29 Venid, ved a un hombre que me ha dicho todo cuanto he hecho. ¿No será éste el Cristo? 30 Entonces salieron de la ciudad, y vinieron a él.

19 Lc 7.39
20 Dt 11.29; Jos 8.33; Lc 9.53
21 Mal 1.11; 1 Ti 2.8
22 2 R 17.28-41; Is 2.3; Ro 3.1,2; 9.4,5
23 Jn 5.25; Flp 3.3
24 Flp 3.3
25 Jn 1.41; Mt 1.16
26 Mt 26.63,64 Mc 14.61 Jn 8.24
27 V. 8
29 Vv. 17,18; Jn 7.26,31

LA MUJER SAMARITANA

J esús corrió un verdadero riesgo cuando entabló conversación con la mujer en el pozo. En los tiempos del Nuevo Testamento, los samaritanos eran muy despreciados por los judíos; ningún rabino respetable se rebajaría tanto para hablar con una mujer judía, menos aun con una mujer de Samaria. Aun sus discípulos se maravillaron que hablara con una mujer» (Juan 4.27). Pero Jesús no siempre respetaba las costumbres religiosas y culturales de su época. Su único objetivo era ver a su pueblo salvado, sanado, liberado, y hecho íntegro. Cuando se trataba de arrebatar almas del infierno, Él no consideraba la raza, la tradición o el género.

En este ejemplo supremo de evangelismo profético de la Biblia, Jesús capta la atención de la mujer porque Él es capaz de ver en su vida y decirle todo cuanto ella ha hecho (4.29). Fue ese don profético de Él lo que hizo que ella preguntara: «¿No será este el Cristo?» (4.29). La mujer sabía que Jesús venía, pero todavía, la tomó de sorpresa cuando se encontró con ella en el pozo (véase 4.25). Él le habló de su agua viva y le señaló su pecado sin ser rudo o condescendiente. Él le habló de la verdadera adoración y se identificó como el Mesías. Ella dejó el pozo como una mujer cambiada, fue a la ciudad cercana y comenzó a propagar las noticias de que el Mesías al fin había venido.

Jesús todavía hoy le habla a las mujeres. Él todavía se revela a las mujeres de toda raza, tribu y lengua. No importa cuál haya sido su pasado, consuélese en el hecho de que Él ya lo sabe. Usted no tiene nada que esconder, nada de qué avergonzarse en su presencia. Él conoce cada pecado y secreto, y Él anhela ser el agua viva que usted necesita para calmar su sed.

JUAN 4.23,24

Querida mujer de propósito:

Mientras transcurre su rutina diaria, y busca ser todo lo que Dios le ha ordenado que sea y cumplir el llamado de Dios en su vida, por favor recuerde esto: Él le ha dado un medio por el cual tiene acceso a su presencia; en cualquier momento y en cualquier lugar. Se llama oración y adoración.

En Juan 4.23, Jesús habló a la mujer en el pozo de lo que el Padre desea verdaderamente de cada una de nosotras. La adoración que se ofrece en espíritu y en verdad es lo que el Padre desea; y la alabanza es la forma de llegar ahí. Qué interesante que era una mujer a quien Jesús enseñó esta lección vital. Él busca verdaderos adoradores; que adoren al Padre en «espíritu y en verdad» (v. 24). Cada vez que Jesús habló, es muy evidente que usó mucha sabiduría y cuidado en escoger sus palabras, diciendo solo lo que oía decir al Padre. Creo que esta manera excelente de presentar las Escrituras se ve aquí en este pasaje en particular. Dios veía personas de muchas naciones, creencias religiosas, culturas, tradiciones y denominaciones tratando de adorarlo a Él a su propia manera, haciendo (en sus propias mentes) de su forma de adoración la única manera «correcta» de adorarlo, apartando así de la presencia del Dios Todopoderoso a los que no le adoraron como ellos hacían.

La adoración es el fin que Dios desea que alcancemos, y la alabanza no es más que el vehículo que usamos para adorar. El vehículo (alabanza) es importante, pero la adoración es el fin. Yo uso la analogía de un vehículo porque así como un carro lo opera un individuo, de igual manera la alabanza es individual. Para llegar a cualquier lugar en un carro, primero tiene que abrir la puerta, entrar, poner las llaves en el arranque, encender el motor, darle algo de gasolina y salir. Así es con la alabanza. Tiene que poner la llave de la fe en el arranque, encender, y entonces seguir el mapa de la carretera que da las Escrituras.

Aparentemente, según las palabras de Jesús a la mujer en el pozo, no todos llegan a la meta de la adoración. Muchos cristianos saben cómo alabar al Señor (saben cómo operar el vehículo), pero en medio de la alabanza, se preocupan tanto por el vehículo que olvidan que deben llegar a un lugar especial, un lugar de adoración. Nunca llegan a lo que debe ser una experiencia de adoración. El mismo hecho de que Dios tuvo que especificar que busca verdaderos adoradores significa que los verdaderos adoradores son pocos. Cualquier cosa y cualquier persona pueden alabar al Señor, pero adorarlo verdaderamente requiere de alguien que tenga una relación con Él.

Mujer de propósito, el Padre desea que usted venga a su presencia. Él quiere tener compañerismo con usted. Esta es la mejor experiencia que tendrá en su vida. El Salmo 16.11 dice que en su presencia hay plenitud de gozo, delicias a su diestra para siempre. Disfrútela.

Judith Christie-Mc Allister

³¹ Entre tanto, los discípulos le rogaban, diciendo: Rabí, come. ³² El les dijo: Yo tengo una comida que comer, que vosotros no sabéis. ³³ Entonces los discípulos decían unos a otros: ¿Le habrá traído alguien de comer? ³⁴ Jesús les dijo: Mi comida es que haga la voluntad del que me envió, y que acabe su obra. ³⁵ ¿No decís vosotros: Aún faltan cuatro meses para que llegue la siega? He aquí os digo: Alzad vuestros ojos y mirad los campos, porque ya están blancos para la siega. ³⁶ Y el que siega recibe salario, y recoge fruto para vida eterna, para que el que siembra goce juntamente con el que siega. ³⁷ Porque en esto es verdadero el dicho: Uno es el que siembra, y otro es el que siega. ³⁸ Yo os he enviado a segar lo que vosotros no labrasteis; otros labraron, y vosotros habéis entrado en sus labores.

³⁹ Y muchos de los samaritanos de aquella ciudad creyeron en él por la palabra de la mujer, que daba testimonio diciendo: Me dijo todo lo que he hecho. ⁴⁰ Entonces vinieron los samaritanos a él y le rogaron que se quedase con ellos; y se quedó allí dos días. ⁴¹ Y creyeron muchos más por la palabra de él, ⁴² y decían a la mujer: Ya no creemos solamente por tu dicho, porque nosotros mismos hemos oído, y sabemos que verdaderamente éste es el Salvador del mundo, el Cristo.

Jesús sana al hijo de un noble

⁴³ Dos días después, salió de allí y fue a Galilea. ⁴⁴ Porque Jesús mismo dio testimonio de que el profeta no tiene honra en su propia tierra. ⁴⁵ Cuando vino a Galilea, los galileos le recibieron, habiendo visto todas las cosas que había hecho en Jerusalén, en la fiesta; porque también ellos habían ido a la fiesta.

⁴⁶ Vino, pues, Jesús otra vez a Caná de Galilea, donde había convertido el agua en vino. Y había en Capernaum un oficial del rey, cuyo hijo estaba enfermo. ⁴⁷ Este, cuando oyó que Jesús había llegado de Judea a Galilea, vino a él y le rogó que descendiese y sanase a su hijo, que estaba a punto de morir. ⁴⁸ Entonces Jesús le dijo: Si no viereis señales y prodigios, no creeréis. ⁴⁹ El oficial del rey le dijo: Señor, desciende antes que mi hijo muera. ⁵⁰ Jesús le

dijo: Ve, tu hijo vive. Y el hombre creyó la palabra que Jesús le dijo, y se fue. ⁵¹ Cuando ya él descendía, sus siervos salieron a recibirle, y le dieron nuevas, diciendo: Tu hijo vive. ⁵² Entonces él les preguntó a qué hora había comenzado a estar mejor. Y le dijeron: Ayer a las siete le dejó la fiebre. ⁵³ El padre entonces entendió que aquella era la hora en que Jesús le había dicho: Tu hijo vive; y creyó él con toda su casa. ⁵⁴ Esta segunda señal hizo Jesús, cuando fue de Judea a Galilea.

El paralítico de Betesda

5 ¶ Después de estas cosas había una fiesta de los judíos, y subió Jesús a Jerusalén.

² Y hay en Jerusalén, cerca de la puerta de las ovejas, un estanque, llamado en hebreo Betesda, el cual tiene cinco pórticos. ³ En éstos yacía una multitud de enfermos, ciegos, cojos y paralíticos, que esperaban el movimiento del agua. ⁴ Porque un ángel descendía de tiempo en tiempo al estanque, y agitaba el agua; y el que primero descendía al estanque después del movimiento del agua, quedaba sano de cualquier enfermedad que tuviese. ⁵ Y había allí un hombre que hacía treinta y ocho años que estaba enfermo. ⁶ Cuando Jesús lo vio acostado, y supo que llevaba ya mucho tiempo así, le dijo: ¿Quieres ser sano? ⁷ Señor, le respondió el enfermo, no tengo quien me meta en el estanque cuando se agita el agua; y entre tanto que yo voy, otro desciende antes que yo. ⁸ Jesús le dijo: Levántate, toma tu lecho, y anda. ⁹ Y al instante aquel hombre fue sanado, y tomó su lecho, y anduvo. ¶ Y era día de reposo aquel día.

¹⁰ Entonces los judíos dijeron a aquel que había sido sanado: Es día de reposo; no te es lícito llevar tu lecho. ¹¹ El les respondió: El que me sanó, él mismo me dijo: Toma tu lecho y anda. ¹² Entonces le preguntaron: ¿Quién es el que te dijo: Toma tu lecho y anda? ¹³ Y el que había sido sanado no sabía quién fuese, porque Jesús se había apartado de la gente que estaba en aquel lugar. ¹⁴ Después le halló Jesús en el templo, y le dijo: Mira, has sido sanado; no peques más, para que no te venga alguna cosa peor. ¹⁵ El hombre se fue, y

32 Mt 4.4 · 34 Jn 5.30; 6.38; 17.4; 19.30 · 35 Mt 9.37; Lc 10.2 · 36 Ro 1.13; v. 14 · 37 Job 31.8; Miq 6.15 · 39 V. 29 · 42 1 Jn 4.14; 1 Ti 4.10; 2 Ti 1.10 · 43 V. 40 · 44 Mt 13.57; Mc 6.4; Lc 4.24 · 45 Jn 2.23 · 46 Jn 2.1-11 · 47 Vv. 3,54 · 48 Dn 4.2; Mc 13.22; Hch 2.19,22,43; 4.30; Ro 15.19; Heb 2.4 · 53 Hch 11.14 · 54 Jn 2.11 · CAPÍTULO 5 · 2 Neh 3.1; 12.39 · 8 Mt 9.6; Mc 2.11; Lc 5.24 · 10 V. 15,16; Neh 13 19; Jer 17.21; Mt 12.2; Mc 2.24; Jn 7.23; 9.16 · 14 Mc 2.5; Jn 8.11

Querida mujer de propósito:

¡U sted es hoy la respuesta a la oración de alguien! Jesús dijo: «Estas señales seguirán a los que creen ... sobre los enfermos pondrán sus manos, y sanarán» (Mr 16.17,18). El hombre que Jesús sanó esperó casi cuarenta años por este milagro. Él se había desalentado vez tras vez cuando veía el agua moverse y trataba de mover su debilitado cuerpo hasta el estanque, solo para que otro se metiera antes que Él. Cuando Jesús entró en escena, había solo un prerequisito para un milagro: «¿Quieres ser sano?» Cuando sienta compasión por los enfermos en su ministerio, sea sencillo. No se deje enredar en todos esos tipos de oraciones y preparaciones especiales. No ponga más yugos sobre los que necesitan un toque de Dios. No se apoye en su fe o en la fe de la persona enferma. Jesús es el sanador. Nuestra labor es orar por los enfermos, la de Dios es sanarlos.

Si está esperando por un milagro, hoy es su día. No importa cuanto ha esperado, por lo que ha pasado ya, o cuanto ha gastado en remedios, ¿quiere ser sanada? No necesita de ningún hombre que la meta en el agua cuando Jesús pasa. El hombre del estanque veía solo su enfermedad, desaliento, y sus circunstancias difíciles hasta que Jesús puso la atención del hombre solo en su esperanza en la sanidad. Deje que Él solo oiga: «Señor, quiero ser sanada». Él tiene compasión por usted. Él la sanará.

Su milagro puede estar esperando a que usted sea el vaso de sanidad de alguien más. Conozco a una querida mujer que sufría de una depresión debilitante que la llevó a muchas enfermedades físicas en su cuerpo. Gastó miles de dólares en médicos. Los años pasaron; ella se enfermó más. Se retiró de la vida hasta el punto que apenas podía moverse de su cama.

Un día mi amiga lentamente llegó hasta el mercado de alimentos donde notó a una mujer pobremente vestida con dos niños pequeños necesitados. El corazón de mi amiga se compadeció por ellos. Por un momento se olvidó de ella misma. Se acercó a la familia y los encontró desesperadamente necesitados de comida y ropa. Mi amiga decidió comprarles algunos alimentos. Ella llevó a la mujer, a sus hijos y a los alimentos hasta la casa de ellos. Al ver lo grande de su necesidad y que estaban rodeados de otras familias con necesidad, mi amiga alargó sus manos y su fe. Ella se involucró en ayudar a aliviar los sufrimientos de estas familias necesitadas. Después de un tiempo ella se dio cuenta que sus propias enfermedades, incluyendo la nube oscura que antes la mantenía en cama por días, ¡la estaban dejando!

En unos pocos meses mi amiga había organizado un ministerio de alcance para los necesitados en su comunidad. En el curso de un año estaba completamente sanada y llevaba sanidad de varios tipos a muchos otros. Mi amiga se convirtió en una de las cristianas más gozosas y llenas de fe que uno podría conocer.

Su milagro puede estar escondido en su acto de misericordia o bondad por alguien más. Ya sea si usted espera por su milagro o conoce a alguien que lo hace, ¡Jesús está pasando por ahí hoy!

Bonnie Chavda

dio aviso a los judíos, que Jesús era el que le había sanado. ¹⁶ Y por esta causa los judíos perseguían a Jesús, y procuraban matarle, porque hacía estas cosas en el día de reposo. ¹⁷ Y Jesús les respondió: Mi Padre hasta ahora trabaja, y yo trabajo. ¹⁸ Por esto los judíos aun más procuraban matarle, porque no sólo quebrantaba el día de reposo, sino que también decía que Dios era su propio Padre, haciéndose igual a Dios.

La autoridad del Hijo

¹⁹ Respondió entonces Jesús, y les dijo: De cierto, de cierto os digo: No puede el Hijo hacer nada por sí mismo, sino lo que ve hacer al Padre; porque todo lo que el Padre hace, también lo hace el Hijo igualmente. ²⁰ Porque el Padre ama al Hijo, y le muestra todas las cosas que él hace; y mayores obras que estas le mostrará, de modo que vosotros os maravilléis. ²¹ Porque como el Padre levanta a los muertos, y les da vida, así también el Hijo a los que quiere da vida. ²² Porque el Padre a nadie juzga, sino que todo el juicio dio al Hijo, ²³ para que todos honren al Hijo como honran al Padre. El que no honra al Hijo, no honra al Padre que le envió.

²⁴ De cierto, de cierto os digo: El que oye mi palabra, y cree al que me envió, tiene vida eterna; y no vendrá a condenación, mas ha pasado de muerte a vida. ²⁵ De cierto, de cierto os digo: Viene la hora, y ahora es, cuando los muertos oirán la voz del Hijo de Dios; y los que la oyeren vivirán. ²⁶ Porque como el Padre tiene vida en sí mismo, así también ha dado al Hijo el tener vida en sí mismo; ²⁷ y también le dio autoridad de hacer juicio, por cuanto es el Hijo del Hombre. ²⁸ No os maravilléis de esto; porque vendrá hora cuando todos los que están en los sepulcros oirán su voz; ²⁹ y los que hicieron lo bueno, saldrán a resurrección de vida; mas los que hicieron lo malo, a resurrección de condenación.

Testigos de Cristo

³⁰ No puedo yo hacer nada por mí mismo; según oigo, así juzgo; y mi juicio es justo, porque no busco mi voluntad, sino la voluntad del que me envió, la del Padre. ³¹ Si yo doy testimonio acerca de mí mismo, mi testimonio no es verdadero. ³² Otro es el que da testimonio acerca de mí, y sé que el testimonio que da de mí es verdadero. ³³ Vosotros enviasteis mensajeros a Juan, y él dio testimonio de la verdad. ³⁴ Pero yo no recibo testimonio de hombre alguno; mas digo esto, para que vosotros seáis salvos. ³⁵ El era antorcha que ardía y alumbraba; y vosotros quisisteis regocijaros por un tiempo en su luz. ³⁶ Mas yo tengo mayor testimonio que el de Juan; porque las obras que el Padre me dio para que cumpliese, las mismas obras que yo hago, dan testimonio de mí, que el Padre me ha enviado. ³⁷ También el Padre que me envió ha dado testimonio de mí. Nunca habéis oído su voz, ni habéis visto su aspecto, ³⁸ ni tenéis su palabra morando en vosotros; porque a quien él envió, vosotros no creéis. ³⁹ Escudriñad las Escrituras; porque a vosotros os parece que en ellas tenéis la vida eterna; y ellas son las que dan testimonio de mí; ⁴⁰ y no queréis venir a mí para que tengáis vida. ⁴¹ Gloria de los hombres no recibo. ⁴² Mas yo os conozco, que no tenéis amor de Dios en vosotros. ⁴³ Yo he venido en nombre de mi Padre, y no me recibís; si otro viniere en su propio nombre, a ése recibiréis. ⁴⁴ ¿Cómo podéis vosotros creer, pues recibís gloria los unos de los otros, y no buscáis la gloria que viene del Dios único? ⁴⁵ No penséis que yo voy a acusaros delante del Padre; hay quien os acusa, Moisés, en quien tenéis vuestra esperanza. ⁴⁶ Porque si creyeseis a Moisés, me creeríais a mí, porque de mí escribió él. ⁴⁷ Pero si no creéis a sus escritos, ¿cómo creeréis a mis palabras?

Alimentación de los cinco mil

6 Después de esto, Jesús fue al otro lado del mar de Galilea, el de Tiberias. ² Y le seguía gran multitud, porque veían las señales que hacía en los enfermos. ³ Entonces subió Jesús a un monte, y se sentó allí con sus discípulos. ⁴ Y estaba cerca la pascua, la fiesta de los judíos. ⁵ Cuando alzó Jesús los ojos, y vio que había venido a él gran multitud, dijo a Felipe: ¿De dónde compraremos pan para que coman éstos? ⁶ Pero esto decía para probarle; porque él sabía lo que había de hacer. ⁷ Felipe le respondió: Doscientos

17 Jn 9.4; 14.10
18 Jn 7.1,19; 10.30,33
19 Jn 8.28; 12.49; 14.10
20 Jn 3.35; 14.12
21 Ro 4.17; 8.11; Jn 11.25
22 Jn 9.39; Hch 17.31
23 Lc 10.16; 1 Jn 2.23
24 Jn 3.18; 12.44; 20.31; 1 Jn 5.13; 3.14
25 Jn 4.21; 6.60; 8.43,47
26 Jn 6.57
27 Hch 10.42; 17.31
29 Dn 12.2; Hch 24.15; Mt 25.46
30 Jn 8.16; 4.34; 6.38
31 Jn 8.14
32 Jn 8.18
33 Jn 1.7,15,19 ,27,32
34 1 Jn 5.9
35 2 P 1.19; Mt 21.26
36 1 Jn 5.9; Jn 10.25; 14.11; 15.24
37 Jn 8.18; Dt 4.12; 1 Ti 1.17
38 Jn 3.17
39 Lc 24.25,27; Hch 13.27
41 V. 44
43 Mt 24.5
44 Ro 2.29
45 Jn 9.28; Ro 2.17
46 Gn 3.15; Lc 24.27; Hch 26.22
47 Lc 16.29,31

CAPÍTULO 6
2 Jn 2.11
3 V. 15
4 Jn 2.13
5 Jn 1.43
6 2 Co 13.5

denarios de pan no bastarían para que cada uno de ellos tomase un poco. 8 Uno de sus discípulos, Andrés, hermano de Simón Pedro, le dijo: 9 Aquí está un muchacho, que tiene cinco panes de cebada y dos pececillos; mas ¿qué es esto para tantos? 10 Entonces Jesús dijo: Haced recostar la gente. Y había mucha hierba en aquel lugar; y se recostaron como en número de cinco mil varones. 11 Y tomó Jesús aquellos panes, y habiendo dado gracias, los repartió entre los discípulos, y los discípulos entre los que estaban recostados; asimismo de los peces, cuanto querían. 12 Y cuando se hubieron saciado, dijo a sus discípulos: Recoged los pedazos que sobraron, para que no se pierda nada. 13 Recogieron, pues, y llenaron doce cestas de pedazos, que de los cinco panes de cebada sobraron a los que habían comido. 14 Aquellos hombres entonces, viendo la señal que Jesús había hecho, dijeron: Este verdaderamente es el profeta que había de venir al mundo.

15 ¶ Pero entendiendo Jesús que iban a venir para apoderarse de él y hacerle rey, volvió a retirarse al monte él solo.

Jesús anda sobre el mar

16 Al anochecer, descendieron sus discípulos al mar, 17 y entrando en una barca, iban cruzando el mar hacia Capernaum. Estaba ya oscuro, y Jesús no había venido a ellos. 18 Y se levantaba el mar con un gran viento que soplaba. 19 Cuando habían remado como veinticinco o treinta estadios, vieron a Jesús que andaba sobre el mar y se acercaba a la barca; y tuvieron miedo. 20 Mas él les dijo: Yo soy; no temáis. 21 Ellos entonces con gusto le recibieron en la barca, la cual llegó en seguida a la tierra adonde iban. ¶

La gente busca a Jesús

22 El día siguiente, la gente que estaba al otro lado del mar vio que no había habido allí más que una sola barca, y que Jesús no había entrado en ella con sus discípulos, sino que éstos se habían ido solos. 23 Pero otras barcas habían arribado de Tiberias junto al lugar donde habían comido el pan después de haber dado gracias el Señor. 24 Cuando vio, pues, la gente que Jesús no estaba allí, ni sus discípulos, entraron en las barcas y fueron a Capernaum, buscando a Jesús.

Jesús, el pan de vida

25 Y hallándole al otro lado del mar, le dijeron: Rabí, ¿cuándo llegaste acá? 26 Respondió Jesús y les dijo: De cierto, de cierto os digo que me buscáis, no porque habéis visto las señales, sino porque comisteis el pan y os saciasteis. 27 Trabajad, no por la comida que perece, sino por la comida que a vida eterna permanece, la cual el Hijo del Hombre os dará; porque a éste señaló Dios el Padre. 28 Entonces le dijeron: ¿Qué debemos hacer para poner en práctica las obras de Dios? 29 Respondió Jesús y les dijo: Esta es la obra de Dios, que creáis en el que él ha enviado. 30 Le dijeron entonces: ¿Qué señal, pues, haces tú, para que veamos, y te creamos? ¿Qué obra haces? 31 Nuestros padres comieron el maná en el desierto, como está escrito: Pan del cielo les dio a comer. 32 Y Jesús les dijo: De cierto, de cierto os digo: No os dio Moisés el pan del cielo, mas mi Padre os da el verdadero pan del cielo. 33 Porque el pan de Dios es aquel que descendió del cielo y da vida al mundo. 34 Le dijeron: Señor, danos siempre este pan.

Las cosas de Dios son tan preciosas, que Él no las dará a los que no las desean grandemente. Son los hambrientos y sedientos los que serán saciados.

SRA. C. NUZUM

35 Jesús les dijo: Yo soy el pan de vida; el que a mí viene, nunca tendrá hambre; y el que en mí cree, no tendrá sed jamás. 36 Mas os he dicho, que aunque me habéis visto, no creéis. 37 Todo lo que el Padre me da, vendrá a mí; y al que a mí viene, no

Querida mujer de propósito:

Parte de reconocer su propósito es saber cómo progresar continuamente. Progresar requiere que atravesemos mares de transición mientras salimos del viejo yo y entramos al nuevo en el que nos estamos convirtiendo. Una transición es el proceso de mudarse de un lugar a otro.

Juan 6.15-21 nos habla de un incidente en que los discípulos estaban cruzando el mar de galilea en su viaje a Capernaum. Cualquier cruce de un lugar a otro requiere una transición que empieza con un final y termina con un comienzo. Dejar la costa representaba un final, que lanzaba a los discípulos a una transición; ese período de limbo entre un final y un nuevo comienzo.

El limbo se puede comparar a estar en un bote en el mar. Los discípulos no estaban donde comenzaron ni tampoco donde iban. Las amarras se habían cortado y ellos estaban expuestos a los elementos de la naturaleza. Un fuerte viento sopló, y el mar se volvió aún más inestable, que amenazaba con zozobrar su bote e impedir su arribo al nuevo lugar.

En ese lugar inestable, los discípulos se enfrentaron con vientos traicioneros y contrarios que amenazaban volcar su barca y frustrar su llegada al nuevo lugar. *Contrario* significa antagónico, en contra u opuesto. El viento trataba de impedir a los discípulos de alcanzar su destino. Esta era una fuerza que se les opuso.

En medio de esa amenaza de destino frustrado, Jesús vino a los discípulos. Primero, ellos no lo reconocieron. Frecuentemente en lugares de tal incertidumbre y amenaza, no podemos reconocer a Jesús cuando viene a nosotros. Cuando lo reconocieron, lo dejaron entrar en la barca con ellos; una decisión que salvó sus vidas y les permitió llegar a su destino, el nuevo lugar.

Cuando le permitimos a Dios «entrar en nuestra barca», esto determina el éxito de nuestro «viaje». Reconocer a Dios de esta forma es adorarlo; doblegarse, rendirse, quitar nuestras manos del timón que gobierna nuestra vida. En ese acto de adoración, Él nos alcanza. De repente lo vemos como Él es. La duda y el temor se transforman en fe. La revelación libera lo que era desconocido para nosotros acerca del Dios que ahora vemos y entendemos. La revelación libera estrategias de cómo llegar al otro lado.

Como escribió Hanna Whitehall Smith hace muchos años en *The Christian's Secrets of Happy Life* [Secretos del Cristiano para una Vida Feliz], las fuerzas contrarias son carros que nos llevan a Dios.

Del relato de Mateo 14.22-33, sabemos que fue Dios quien envió a los discípulos al otro lado del mar. Si Él los envió, entonces también estaba comprometido con su destino y les daría todos los recursos necesarios para que llegaran al otro lado. Cuando Dios nos dirige en un camino que nos lleva a la transición, Él ya se ha comprometido en venir a nosotros cuando lleguemos a aguas inestables.

Mujer de propósito, no tema. Jesús ha prometido rescatarla de los mares tormentosos de su vida. ¡Permítale entrar en su barca!

Barbara Yoder

le echo fuera. ³⁸ Porque he descendido del cielo, no para hacer mi voluntad, sino la voluntad del que me envió. ³⁹ Y esta es la voluntad del Padre, el que me envió: Que de todo lo que me diere, no pierda yo nada, sino que lo resucite en el día postrero. ⁴⁰ Y esta es la voluntad del que me ha enviado: Que todo aquél que ve al Hijo, y cree en él, tenga vida eterna; y yo le resucitaré en el día postrero.

⁴¹ Murmuraban entonces de él los judíos, porque había dicho: Yo soy el pan que descendió del cielo. ⁴² Y decían: ¿No es éste Jesús, el hijo de José, cuyo padre y madre nosotros conocemos? ¿Cómo, pues, dice éste: Del cielo he descendido? ⁴³ Jesús respondió y les dijo: No murmuréis entre vosotros. ⁴⁴ Ninguno puede venir a mí, si el Padre que me envió no le trajere; y yo le resucitaré en el día postrero. ⁴⁵ Escrito está en los profetas: Y serán todos enseñados por Dios. Así que, todo aquel que oyó al Padre, y aprendió de él, viene a mí. ⁴⁶ No que alguno haya visto al Padre, sino aquel que vino de Dios; éste ha visto al Padre. ⁴⁷ De cierto, de cierto os digo: El que cree en mí, tiene vida eterna. ⁴⁸ Yo soy el pan de vida. ⁴⁹ Vuestros padres comieron el maná en el desierto, y murieron. ⁵⁰ Este es el pan que desciende del cielo, para que el que de él come, no muera. ⁵¹ Yo soy el pan vivo que descendió del cielo; si alguno comiere de este pan, vivirá para siempre; y el pan que yo daré es mi carne, la cual yo daré por la vida del mundo.

⁵² Entonces los judíos contendían entre sí, diciendo: ¿Cómo puede éste darnos a comer su carne? ⁵³ Jesús les dijo: De cierto, de cierto os digo: Si no coméis la carne del Hijo del Hombre, y bebéis su sangre, no tenéis vida en vosotros. ⁵⁴ El que come mi carne y bebe mi sangre, tiene vida eterna; y yo le resucitaré en el día postrero. ⁵⁵ Porque mi carne es verdadera comida, y mi sangre es verdadera bebida. ⁵⁶ El que come mi carne y bebe mi sangre, en mí permanece, y yo en él. ⁵⁷ Como me envió el Padre viviente, y yo vivo por el Padre, asimismo el que me come, él también vivirá por mí. ⁵⁸ Este es el pan que descendió del cielo; no como vuestros padres comieron el maná, y murieron; el que come de este pan, vivirá

eternamente. ⁵⁹ Estas cosas dijo en la sinagoga, enseñando en Capernaum.

Palabras de vida eterna

⁶⁰ Al oírlas, muchos de sus discípulos dijeron: Dura es esta palabra; ¿quién la puede oír? ⁶¹ Sabiendo Jesús en sí mismo que sus discípulos murmuraban de esto, les dijo: ¿Esto os ofende? ⁶² ¿Pues qué, si viereis al Hijo del Hombre subir adonde estaba primero? ⁶³ El espíritu es el que da vida; la carne para nada aprovecha; las palabras que yo os he hablado son espíritu y son vida. ⁶⁴ Pero hay algunos de vosotros que no creen. Porque Jesús sabía desde el principio quiénes eran los que no creían, y quién le había de entregar. ⁶⁵ Y dijo: Por eso os he dicho que ninguno puede venir a mí, si no le fuere dado del Padre.

⁶⁶ Desde entonces muchos de sus discípulos volvieron atrás, y ya no andaban con él. ⁶⁷ Dijo entonces Jesús a los doce: ¿Queréis acaso iros también vosotros? ⁶⁸ Le respondió Simón Pedro: Señor, ¿a quién iremos? Tú tienes palabras de vida eterna. ⁶⁹ Y nosotros hemos creído y conocemos que tú eres el Cristo, el Hijo del Dios viviente. ⁷⁰ Jesús les respondió: ¿No os he escogido yo a vosotros los doce, y uno de vosotros es diablo? ⁷¹ Hablaba de Judas Iscariote, hijo de Simón; porque éste era el que le iba a entregar, y era uno de los doce.

Incredulidad de los hermanos de Jesús

7 Después de estas cosas, andaba Jesús en Galilea; pues no quería andar en Judea, porque los judíos procuraban matarle. ² Estaba cerca la fiesta de los judíos, la de los tabernáculos; ³ y le dijeron sus hermanos: Sal de aquí, y vete a Judea, para que también tus discípulos vean las obras que haces. ⁴ Porque ninguno que procura darse a conocer hace algo en secreto. Si estas cosas haces, manifiéstate al mundo. ⁵ Porque ni aun sus hermanos creían en él. ⁶ Entonces Jesús les dijo: Mi tiempo aún no ha llegado, mas vuestro tiempo siempre está presto. ⁷ No puede el mundo aborreceros a vosotros; mas a mí me aborrece, porque yo testifico de él, que sus obras son malas. ⁸ Subid vosotros a la fiesta; yo no subo todavía a esa fiesta,

38 Jn 4.34; 5.30
39 Jn 10.28; 17.12; 18.9
40 Vv. 27,47, 54; Jn 3.15,16
42 Lc 4.22; Jn 7.27,28; vv. 38,62
44 Jer 31.3; Os 11.4; Jn 12.32
45 Is 54.13; Jer 31.34; Heb 8.10; 10.16
46 Jn 1.18; 5.37; 7.29; 8.19
47 Jn 3.16,18,3 6; 5.24; 11.26
48 vv 35,51
49 V. 31
50 V. 33
51 Heb 10.10
52 Jn 9.16; 10.19
53 Mt 26.26,28
54 Jn 4.14
56 Jn 15.4; 1 Jn 3.24; 4.15,16
57 Jn 3.17
58 Vv. 49-51
60 V. 66
61 Mt 11.6
62 Jn 3.13; 17.5
63 2 Co 3.6
64 Jn 2.25
65 Vv. 37,44; Jn 3.27
66 V. 60
67 Mt 10.2
68 Mt 16.16; Hch 5.20
69 Mc 8.29; Lc 9.20
70 Jn 15.16,19; 13.27
71 Jn 13.26; Mc 14.10

CAPÍTULO 7
1 Jn 5.18
2 Lv 23.34; Dt 16.16
3 Mt 12.46; Mc 3.31
5 Mc 3.21
6 Mt 26.18; vv. 8,30
7 Jn 15.18,19; 3.19,20
8 V. 6

porque mi tiempo aún no se ha cumpli -
do. ℘ ⁹ Y habiéndoles dicho esto, se quedó
en Galilea.

Jesús en la fiesta de los tabernáculos

¹⁰ Pero después que sus hermanos habían subido, entonces él también subió a
la fiesta, no abiertamente, sino como en
secreto. ¹¹ Y le buscaban los judíos en la
fiesta, y decían: ¿Dónde está aquél? ¹² Y
había gran murmullo acerca de él entre la
multitud, pues unos decían: Es bueno;
pero otros decían: No, sino que engaña al
pueblo. ¹³ Pero ninguno hablaba abiertamente de él, por miedo a los judíos.

¹⁴ Mas a la mitad de la fiesta subió Jesús
al templo, y enseñaba. ¹⁵ Y se maravilla-
ban los judíos, diciendo: ¿Cómo sabe éste
letras, sin haber estudiado? ¹⁶ Jesús les
respondió y dijo: Mi doctrina no es mía,
sino de aquel que me envió. ¹⁷ El que quiera hacer la voluntad de Dios, conocerá si
la doctrina es de Dios, o si yo hablo por mi
propia cuenta. ¹⁸ El que habla por su propia cuenta, su propia gloria busca; pero el
que busca la gloria del que le envió, éste
es verdadero, y no hay en él injusticia.
¹⁹ ¿No os dio Moisés la ley, y ninguno de
vosotros cumple la ley? ¿Por qué procuráis matarme? ²⁰ Respondió la multitud y
dijo: Demonio tienes; ¿quién procura ma-
tarte? ²¹ Jesús respondió y les dijo: Una
obra hice, y todos os maravilláis. ²² Por
cierto, Moisés os dio la circuncisión (no
porque sea de Moisés, sino de los padres);
y en el día de reposo circuncidáis al hombre. ²³ Si recibe el hombre la circuncisión
en el día de reposo, para que la ley de Moisés no sea quebrantada, ¿os enojáis conmigo porque en el día de reposo sané completamente a un hombre? ²⁴ No juzguéis
según las apariencias, sino juzgad con justo juicio.

¿Es éste el Cristo?

²⁵ Decían entonces unos de Jerusalén:
¿No es éste a quien buscan para matarle?
²⁶ Pues mirad, habla públicamente, y no le
dicen nada. ¿Habrán reconocido en verdad los gobernantes que éste es el Cristo?
²⁷ Pero éste, sabemos de dónde es; mas
cuando venga el Cristo, nadie sabrá de

dónde sea. ²⁸ Jesús entonces, enseñando
en el templo, alzó la voz y dijo: A mí me conocéis, y sabéis de dónde soy; y no he venido de mí mismo, pero el que me envió es
verdadero, a quien vosotros no conocéis.
²⁹ Pero yo le conozco, porque de él proce-
do, y él me envió. ³⁰ Entonces procuraban
prenderle; pero ninguno le echó mano,
porque aún no había llegado su hora. ³¹ Y
muchos de la multitud creyeron en él, y
decían: El Cristo, cuando venga, ¿hará
más señales que las que éste hace?

Los fariseos envían alguaciles para prender a Jesús

³² Los fariseos oyeron a la gente que
murmuraba de él estas cosas; y los principales sacerdotes y los fariseos enviaron alguaciles para que le prendiesen. ³³ Entonces Jesús dijo: Todavía un poco de tiempo
estaré con vosotros, e iré al que me envió.
³⁴ Me buscaréis, y no me hallaréis; y a donde yo estaré, vosotros no podréis venir.
³⁵ Entonces los judíos dijeron entre sí:
¿Adónde se irá éste, que no le hallemos?
¿Se irá a los dispersos entre los griegos, y
enseñará a los griegos? ³⁶ ¿Qué significa
esto que dijo: Me buscaréis, y no me hallaréis; y a donde yo estaré, vosotros no podréis venir?

Ríos de agua viva

³⁷ En el último y gran día de la fiesta, Jesús se puso en pie y alzó la voz, diciendo:
Si alguno tiene sed, venga a mí y beba.
³⁸ El que cree en mí, como dice la Escritura, de su interior correrán ríos de agua
viva. ³⁹ Esto dijo del Espíritu que habían
de recibir los que creyesen en él; pues aún
no había venido el Espíritu Santo, porque
Jesús no había sido aún glorificado.

Señor resucitado, porque _____ cree en ti, que fluyan de su interior ríos de agua viva.

DE JUAN 7.38

Referencias marginales:

11 Jn 11.56
12 Vv. 40-43
13 Jn 9.22; 12.42; 19.38
14 V. 28
15 Mt 13.54; Mc 6.2; Lc 4.22
16 Jn 3.11; 8.28; 12.49
17 Jn 8.43
18 Jn 5.41; 8.50
19 Éx 24.3; Jn 1.17; 11.53
20 Jn 8.48; 10.20
22 Lv 12.3; Gn 17.10
23 Mc 3.5
24 Lv 19.15; Jn 8.15
26 V. 48
27 Mt 13.55; Mc 6.3; Lc 4.22
28 Jn 8.14; 8.26; 1.18
29 Mt 11.27; Jn 10.15
30 Mt 21.46; Jn 8.20
31 Jn 8.30; Mt 12.23
33 Jn 13.33; 16.16-19
34 Jn 8.21; 13.33
35 Stg 1.1; 1 P 1.1
37 Lv 23.36; Is 55.1; Ap 22.17
38 Is 12.3; Jn 4.10,14
39 Jl 2.28; Hch 2.17,33; Jn 20.22; 12.23

Querida mujer de propósito:

El tiempo es crucial para los planes de Dios en nuestras vidas, Jesús entendió los tiempos y las estaciones, y Él estableció para nosotros un modelo a seguir. En Juan 7, Jesús dijo a sus hermanos que su hora aún no había llegado. Las Escrituras afirman que sus hermanos no creían en Él, sino que intentaron forzarlo prematuramente a entrar en lo que era el plan final de Dios para su vida. Si Jesús no hubiera caminado en la voluntad, tiempo y estaciones de su padre para su vida, hubiera habido un «aborto» del plan redentor de Dios.

También vemos este principio en Nehemías 4.7,8. Los enemigos de Israel estaban luchando y oponiéndose abiertamente a la reconstrucción de los muros. La palabra hebrea que se traduce *impedir* significa no solo «retardar, demorar y cesar», sino también significa «causar un aborto».

Ni el diablo ni la carne quieren ver que usted dé a luz la voluntad, el plan, y el propósito de Dios para su vida. Ellos quieren que usted sufra un «aborto». También tiene que recordar que cuando «el niño» (la voluntad, plan, visión) nace, ¡el dragón está esperando para devorarlo! (véase Ap 12). Pero demos gracias a Dios, que nos lleva siempre de triunfo en triunfo en Cristo (véase 2 Co 2.14).

Jesús estaba muy consciente de hacer las cosas en el tiempo del Poderoso Dios. Él le dijo a sus hermanos que ellos podían hacer lo que quisieran en cualquier momento (véase Juan 7.6). Su vida era diferente. Él dijo en esencia: «Porque vine a hacer la voluntad de mi Padre, mis tiempos están en sus manos» (véase Sal 31.15).

En Mateo 26.18, Jesús finalmente dijo que su hora había llegado. Así como la hora de Jesús llegó a su vida, así nuestra hora seguramente llegará.

¿Qué sucedió cuando Jesús vio que su hora se acercaba? La gente deseaba darle gloria terrenal a Jesús y a ellos mismos al hacerlo rey. Pero Jesús sabía que solo el Padre tenía el derecho de elevarlo a tal posición; y tendría que ser en el tiempo de Dios, no en el del hombre.

Si la gente hubiera tenido éxito en hacer que Jesús actuara fuera del tiempo de Dios para su vida, ¡no hubiera habido oportunidad de Salvación! No hubiera habido cruz en el Calvario, ni preciosa sangre derramada, ni obra terminada y tampoco un mejor pacto.

¿Qué vemos a Jesús hacer cuando «supo que su hora había llegado»? (véase Juan 13.1-17). ¿Está Él sentado en un trono y la humanidad sirviéndolo como quería la gente? ¡No! Jesús es un siervo. Lo vemos de rodillas, lavando los pies de sus discípulos.

¿Qué nos dice este pasaje de las Escrituras? Mientras más cerca esté su hora; e incluso en la cima de su hora, más su vida consistirá de servicio. Mientras más viva para dar. Mientras más pies lave, incluso los pies de sus traidores. Su hora cumbre es la hora de su servicio.

Descanse en el tiempo del señor. Su hora con seguridad llegará.

Bobbie Jean Merck

División entre la gente

⁴⁰ Entonces algunos de la multitud, oyendo estas palabras, decían: Verdaderamente éste es el profeta. ⁴¹ Otros decían: Este es el Cristo. Pero algunos decían: ¿De Galilea ha de venir el Cristo? ⁴² ¿No dice la Escritura que del linaje de David, y de la aldea de Belén, de donde era David, ha de venir el Cristo? ⁴³ Hubo entonces disensión entre la gente a causa de él. ⁴⁴ Y algunos de ellos querían prenderle; pero ninguno le echó mano.

¡Nunca ha hablado hombre así!

⁴⁵ Los alguaciles vinieron a los principales sacerdotes y a los fariseos; y éstos les dijeron: ¿Por qué no le habéis traído? ⁴⁶ Los alguaciles respondieron: ¡Jamás hombre alguno ha hablado como este hombre! ⁴⁷ Entonces los fariseos les respondieron: ¿También vosotros habéis sido engañados? ⁴⁸ ¿Acaso ha creído en él alguno de los gobernantes, o de los fariseos? ⁴⁹ Mas esta gente que no sabe la ley, maldita es. ⁵⁰ Les dijo Nicodemo, el que vino a él de noche, el cual era uno de ellos: ⁵¹ ¿Juzga acaso nuestra ley a un hombre si primero no le oye, y sabe lo que ha hecho? ⁵² Respondieron y le dijeron: ¿Eres tú también galileo? Escudriña y ve que de Galilea nunca se ha levantado profeta.

La mujer adúltera

⁵³ Cada uno se fue a su casa;

8 y Jesús se fue al monte de los Olivos. ² Y por la mañana volvió al templo, y todo el pueblo vino a él; y sentado él, les enseñaba. ³ Entonces los escribas y los fariseos le trajeron una mujer sorprendida en adulterio; y poniéndola en medio, ⁴ le dijeron: Maestro, esta mujer ha sido sorprendida en el acto mismo de adulterio. ⁵ Y en la ley nos mandó Moisés apedrear a tales mujeres. Tú, pues, ¿qué dices? ⁶ Mas esto decían tentándole, para poder acusarle. Pero Jesús, inclinado hacia el suelo, escribía en tierra con el dedo. ⁷ Y como insistieran en preguntarle, se enderezó y les dijo: El que de vosotros esté sin pecado sea el primero en arrojar la piedra contra ella. ⁸ E inclinándose de nuevo hacia el suelo, siguió escribiendo en tierra. ⁹ Pero ellos, al oír esto, acusados por su conciencia, salían uno a uno, comenzando desde los más viejos hasta los postreros; y quedó solo Jesús, y la mujer que estaba en medio. ¹⁰ Enderezándose Jesús, y no viendo a nadie sino a la mujer, le dijo: Mujer, ¿dónde están los que te acusaban? ¿Ninguno te condenó? ¹¹ Ella dijo: Ninguno, Señor. Entonces Jesús le dijo: Ni yo te condeno; vete, y no peques más.

Jesús, la luz del mundo

¹² Otra vez Jesús les habló, diciendo: Yo soy la luz del mundo; el que me sigue, no andará en tinieblas, sino que tendrá la luz de la vida.

La paz es la consecuencia del perdón. Dios quita lo que oscurece el rostro de Él y por lo tanto rompe la unión con Él.

CHARLES H. BRENT

¹³ Entonces los fariseos le dijeron: Tú das testimonio acerca de ti mismo; tu testimonio no es verdadero. ¹⁴ Respondió Jesús y les dijo: Aunque yo doy testimonio acerca de mí mismo, mi testimonio es verdadero, porque sé de dónde he venido y a dónde voy; pero vosotros no sabéis de dónde vengo, ni a dónde voy. ¹⁵ Vosotros juzgáis según la carne; yo no juzgo a nadie. ¹⁶ Y si yo juzgo, mi juicio es verdadero; porque no soy yo solo, sino yo y el que me envió, el Padre. ¹⁷ Y en vuestra ley está escrito que el testimonio de dos hombres es verdadero. ¹⁸ Yo soy el que doy testimonio de mí mismo, y el Padre que me envió da testimonio de mí. ¹⁹ Ellos le dijeron: ¿Dónde está tu Padre? Respondió Jesús: Ni a mí me conocéis, ni a mi Padre; si a mí me conocieseis, también a mi Padre conoceríais. ²⁰ Estas palabras habló Jesús en el lugar de las ofrendas, enseñando en el templo; y nadie le prendió, porque aún no había llegado su hora.

A donde yo voy, vosotros no podéis venir

21 Otra vez les dijo Jesús: Yo me voy, y me buscaréis, pero en vuestro pecado moriréis; a donde yo voy, vosotros no podéis venir. 22 Decían entonces los judíos: ¿Acaso se matará a sí mismo, que dice: A donde yo voy, vosotros no podéis venir? 23 Y les dijo: Vosotros sois de abajo, yo soy de arriba; vosotros sois de este mundo, yo no soy de este mundo. 24 Por eso os dije que moriréis en vuestros pecados; porque si no creéis que yo soy, en vuestros pecados moriréis. 25 Entonces le dijeron: ¿Tú quién eres? Entonces Jesús les dijo: Lo que desde el principio os he dicho. 26 Muchas cosas tengo que decir y juzgar de vosotros; pero el que me envió es verdadero; y yo, lo que he oído de él, esto hablo al mundo. 27 Pero no entendieron que les hablaba del Padre. 28 Les dijo, pues, Jesús: Cuando hayáis levantado al Hijo del Hombre, entonces conoceréis que yo soy, y que nada hago por mí mismo, sino que según me enseñó el Padre, así hablo. 29 Porque el que me envió, conmigo está; no me ha dejado solo el Padre, porque yo hago siempre lo que le agrada. 30 Hablando él estas cosas, muchos creyeron en él.

Referencias: 21 Jn 7.34; 23 Jn 3.31; 17.14; 24 Mc 13.6; Jn 4.26; 13.19; 26 Jn 7.28; 3.32; 15.15; 28 Jn 3.14; 12.32; 5.19; 3.11; 29 Jn 4.34; 5.30; 6.38; 30 Jn 7.31; 10.42; 11.45

PANDITA RAMABAI

Pandita Ramabai (1850-1920) fue una de las más destacadas educadoras cristianas de la historia. Llamada «la madre» del movimiento pentecostal en la India, Pandita nació en una familia de casta alta y llegó a ser una mujer de gran intelecto así como de gran fe. Aunque completamente controversial, esta mujer bien preparada hizo impacto en su sociedad por Jesucristo.

Pandita hablaba con fluidez siete idiomas y le proveyó a las personas que la rodeaban una traducción de la Biblia (de las lenguas originales) en su lengua nativa, Marathi. Ella también dedicó muchos esfuerzos a establecer escuelas para niñas en la India. Uno de sus logros incluyó abrir una escuela para jovencitas viudas, para que no fueran presas de las costumbres de la religión hindú de ser quemadas en las piras funerales de sus esposos. Ella pudo abrir otra escuela en medio de una hambruna severa confiando en la oración y en la provisión de Dios para suplir cada una de sus necesidades.

Pero las oraciones para que Dios proveyera físicamente para su pueblo no eran sus únicas oraciones. Ella también clamaba a Dios por un genuino avivamiento en su nación. Ella empezó alentando a las personas a orar por un avivamiento y por un derramamiento del poder de Dios en enero de 1905. Esto sucedió el 30 de junio del mismo año. Pandita enseñaba a las niñas (Juan 8) cuando el Espíritu Santo descendió y su presencia llenó toda la habitación, casi tan dramáticamente como sucedió el día de Pentecostés. Lo que vino después fue un avivamiento caracterizado por un profundo arrepentimiento y confesión de pecado, alabanza y adoración gozosa, e incluso sueños y visiones sobrenaturales.

Así como Pandita Ramabai preparó nueva tierra para el evangelio en la india, que nosotros también clamemos por una visitación poderosa de la presencia de Dios y por un avivamiento de su Espíritu en los lugares donde vivimos.

La verdad os hará libres

31 Dijo entonces Jesús a los judíos que habían creído en él: Si vosotros permaneciereis en mi palabra, seréis verdaderamente mis discípulos; 32 y conoceréis la verdad, y la verdad os hará libres. 33 Le respondieron: Linaje de Abraham somos, y jamás hemos sido esclavos de nadie. ¿Cómo dices tú: Seréis libres?

34 Jesús les respondió: De cierto, de cierto os digo, que todo aquel que hace pecado, esclavo es del pecado. 35 Y el esclavo no queda en la casa para siempre; el hijo sí queda para siempre. 36 Así que, si el Hijo os libertare, seréis verdaderamente libres.

Señor, te pido que _____ conozcan la verdad y la verdad los hará libres.

DE JUAN 8.32

37 Sé que sois descendientes de Abraham; pero procuráis matarme, porque mi palabra no halla cabida en vosotros. 38 Yo hablo lo que he visto cerca del Padre; y vosotros hacéis lo que habéis oído cerca de vuestro padre.

Sois de vuestro padre el diablo

39 Respondieron y le dijeron: Nuestro padre es Abraham. Jesús les dijo: Si fueseis hijos de Abraham, las obras de Abraham haríais. 40 Pero ahora procuráis matarme a mí, hombre que os he hablado la verdad, la cual he oído de Dios; no hizo esto Abraham. 41 Vosotros hacéis las obras de vuestro padre. Entonces le dijeron: Nosotros no somos nacidos de fornicación; un padre tenemos, que es Dios. 42 Jesús entonces les dijo: Si vuestro padre fuese Dios, ciertamente me amaríais; porque yo de Dios he salido, y he venido; pues no he venido de mí mismo, sino que él me envió. 43 ¿Por qué no entendéis mi lenguaje? Porque no podéis escuchar mi palabra.

44 Vosotros sois de vuestro padre el diablo, y los deseos de vuestro padre queréis hacer. El ha sido homicida desde el principio, y no ha permanecido en la verdad, porque no hay verdad en él. Cuando habla mentira, de suyo habla; porque es mentiroso, y padre de mentira. 45 Y a mí, porque digo la verdad, no me creéis. 46 ¿Quién de vosotros me redarguye de pecado? Pues si digo la verdad, ¿por qué vosotros no me creéis? 47 El que es de Dios, las palabras de Dios oye; por esto no las oís vosotros, porque no sois de Dios.

La preexistencia de Cristo

48 Respondieron entonces los judíos, y le dijeron: ¿No decimos bien nosotros, que tú eres samaritano, y que tienes demonio? 49 Respondió Jesús: Yo no tengo demonio, antes honro a mi Padre; y vosotros me deshonráis. 50 Pero yo no busco mi gloria; hay quien la busca, y juzga. 51 De cierto, de cierto os digo, que el que guarda mi palabra, nunca verá muerte. 52 Entonces los judíos le dijeron: Ahora conocemos que tienes demonio. Abraham murió, y los profetas; y tú dices: El que guarda mi palabra, nunca sufrirá muerte. 53 ¿Eres tú acaso mayor que nuestro padre Abraham, el cual murió? ¡Y los profetas murieron! ¿Quién te haces a ti mismo? 54 Respondió Jesús: Si yo me glorifico a mí mismo, mi gloria nada es; mi Padre es el que me glorifica, el que vosotros decís que es vuestro Dios. 55 Pero vosotros no le conocéis; mas yo le conozco, y si dijere que no le conozco, sería mentiroso como vosotros; pero le conozco, y guardo su palabra. 56 Abraham vuestro padre se gozó de que había de ver mi día; y lo vio, y se gozó. 57 Entonces le dijeron los judíos: Aún no tienes cincuenta años, ¿y has visto a Abraham? 58 Jesús les dijo: De cierto, de cierto os digo: Antes que Abraham fuese, yo soy. 59 Tomaron entonces piedras para arrojárselas; pero Jesús se escondió y salió del templo; y atravesando por en medio de ellos, se fue.

Jesús sana a un ciego de nacimiento

9 Al pasar Jesús, vio a un hombre ciego de nacimiento. 2 Y le preguntaron sus discípulos, diciendo: Rabí, ¿quién pecó, éste

Referencias marginales:

31 Jn 15.7; 2 Jn 9
32 Ro 8.2; Stg 2.12
33 Mt 3.9
34 Ro 6.16; 2 P 2.19
35 Gl 4.30
37 Vv. 39,40
38 Jn 5.19,30; 14.10,24
39 Ro 9.7; Gl 3.7
40 V. 26
41 Is 63.16; 64.8
42 1 Jn 5.1; Jn 16.27,28; 17.8; 7.28
44 1 Jn 3.8; vv. 38,41; 1 Jn 2.4; Mt 12.34
47 1 Jn 4.6
48 V. 52; Jn 7.20; 10.20
50 Jn 5.41
51 Jn 14.23; 15.20; 17.6; Mt 16.28; Heb 11.5
52 Jn 7.20; 14.23; 15.20; 17.6
53 Jn 4.12
54 V. 50; Jn 16.14
55 Jn 7.28,29; 15.10
56 Mt 13.17; Heb 11.13
58 Jn 1.1; 17.5,24; Ap 1.8
59 Jn 10.31; 11.8; 12.36

CAPÍTULO 9
1 V. 34; Lc 13.2; Éx 20.5; Ez 18.20

Querida mujer de propósito:

Aunque fui hija de pastor y tuve una buena relación con mis padres, no fue hasta los dieciséis años que rendí mi vida completamente a Jesucristo. En ese tiempo oía a mi corazón hablar tan claramente como si fuera audible la voz de Dios. Él habló a mi mente y corazón: «Lee tu Biblia diariamente, habla conmigo diariamente», y «Te he llamado para mis propósitos». Antes de eso yo pensaba que la Biblia era aburrida. Pero a medida que leía cada día, se hizo viva y pertinente para mí.

La Palabra de Dios es la verdad suprema (véase Juan 17.17). Es superior que la verdad del propio conocimiento del hombre o de sus sentimientos. Jesús dijo que si permanecíamos en su Palabra llegaríamos a conocer la verdad suprema que nos haría libres. No solo recibimos la verdad que nos libera cuando somos salvos; tenemos que poner su Palabra de verdad en nuestras vidas diariamente. Para ser libre de cualquier pecado y cambiar los modelos de comportamientos erróneos, una persona tiene que poner la Palabra de Dios en su corazón diariamente. Llegamos a ser libres en esferas de nuestra vida en las que nunca nos dimos cuenta que sufríamos o estábamos limitados debido a la falta de conocimiento (véase Oseas 4.6).

A medida que pasaba el tiempo, empecé a oír a hombres y mujeres de Dios que enseñaban que «la fe viene por el oir, y el oir por la palabra de Dios» (Ro 10.17). También empecé a darme cuenta que algunos predicaban palabras de duda o incertidumbre, y otros predicaban la palabra de fe y certeza de las Sagradas Escrituras. Debemos guardar nuestro corazón de oír enseñanzas no construidas sobre la fe. La razón para esto es que nuestra fe en la Palabra de Dios es nuestra victoria para vencer los pensamientos y planes del maligno en contra de nuestra vida. Por la fe también es cómo recibimos todas las promesas de Dios.

La Palabra de Dios nos muestra un estándar de estilo de vida diferente de los del mundo que nos rodea. Romanos 12.1,2 dice que tenemos que hacer una dedicación decisiva de nuestros cuerpos a Dios. Para no permanecer conformadas a los caminos del mundo, somos transformados o cambiadas al renovar nuestra mente para pensar de acuerdo a las actitudes y pensamientos de la Palabra de Dios. El salmista dice que la forma de guardarnos de pecar es poner atención a la Palabra de Dios y guardarla en nuestro corazón (véase Sal 119.9,11). ¿Cómo guardamos la Palabra de Dios en nuestro corazón?

1. Leyéndola (véase Ap 1.3)
2. Estudiándola (véase 2 Ti 2.15)
3. Memorizándola (véase Sal 119.11)
4. Meditando en ella (véase Sal 1.1-3)
5. Hablando de ella y cumpliéndola (véase Jos 1.1-8)

Cuando creemos y cumplimos su Palabra, Dios dice que esta «no volverá a mí vacía, sino que hará lo que yo quiero, y será prosperada en aquello para que la envié» (Is 55.11).

Sharon Daugherty

o sus padres, para que haya nacido ciego? ³ Respondió Jesús: No es que pecó éste, ni sus padres, sino para que las obras de Dios se manifiesten en él. ⁴ Me es necesario hacer las obras del que me envió, entre tanto que el día dura; la noche viene, cuando nadie puede trabajar. ⁵ Entre tanto que estoy en el mundo, luz soy del mundo. ⁶ Dicho esto, escupió en tierra, e hizo lodo con la saliva, y untó con el lodo los ojos del ciego, ⁷ y le dijo: Ve a lavarte en el estanque de Siloé (que traducido es, Enviado). Fue entonces, y se lavó, y regresó viendo. ⁸ Entonces los vecinos, y los que antes le habían visto que era ciego, decían: ¿No es éste el que se sentaba y mendigaba? ⁹ Unos decían: El es; y otros: A él se parece. El decía: Yo soy.

No miremos a la oscuridad que cada vez se hace más profunda, sino miremos a la luz que brilla más y más. Miremos las obras de Dios.

ZELMA ARGUE

¹⁰ Y le dijeron: ¿Cómo te fueron abiertos los ojos? ¹¹ Respondió él y dijo: Aquel hombre que se llama Jesús hizo lodo, me untó los ojos, y me dijo: Ve al Siloé, y lávate; y fui, y me lavé, y recibí la vista. ¹² Entonces le dijeron: ¿Dónde está él? El dijo: No sé.

Los fariseos interrogan al ciego sanado

¹³ Llevaron ante los fariseos al que había sido ciego. ¹⁴ Y era día de reposo cuando Jesús había hecho el lodo, y le había abierto los ojos. ¹⁵ Volvieron, pues, a preguntarle también los fariseos cómo había recibido la vista. El les dijo: Me puso lodo sobre los ojos, y me lavé, y veo. ¹⁶ Entonces algunos de los fariseos decían: Ese hombre no procede de Dios, porque no guarda el día de reposo. Otros decían: ¿Cómo puede un hombre pecador hacer estas señales? Y había disensión entre ellos. ¹⁷ Entonces volvieron a decirle al ciego: ¿Qué dices tú del que te abrió los ojos? Y él dijo: Que es profeta.

¹⁸ Pero los judíos no creían que él había sido ciego, y que había recibido la vista, hasta que llamaron a los padres del que había recibido la vista, ¹⁹ y les preguntaron, diciendo: ¿Es éste vuestro hijo, el que vosotros decís que nació ciego? ¿Cómo, pues, ve ahora? ²⁰ Sus padres respondieron y les dijeron: Sabemos que éste es nuestro hijo, y que nació ciego; ²¹ pero cómo vea ahora, no lo sabemos; o quién le haya abierto los ojos, nosotros tampoco lo sabemos; edad tiene, preguntadle a él; él hablará por sí mismo. ²² Esto dijeron sus padres, porque tenían miedo de los judíos, por cuanto los judíos ya habían acordado que si alguno confesase que Jesús era el Mesías, fuera expulsado de la sinagoga. ²³ Por eso dijeron sus padres: Edad tiene, preguntadle a él.

²⁴ Entonces volvieron a llamar al hombre que había sido ciego, y le dijeron: Da gloria a Dios; nosotros sabemos que ese hombre es pecador. ²⁵ Entonces él respondió y dijo: Si es pecador, no lo sé; una cosa sé, que habiendo yo sido ciego, ahora veo. ²⁶ Le volvieron a decir: ¿Qué te hizo? ¿Cómo te abrió los ojos? ²⁷ El les respondió: Ya os lo he dicho, y no habéis querido oír; ¿por qué lo queréis oír otra vez? ¿Queréis también vosotros haceros sus discípulos? ²⁸ Y le injuriaron, y dijeron: Tú eres su discípulo; pero nosotros, discípulos de Moisés somos. ²⁹ Nosotros sabemos que Dios ha hablado a Moisés; pero respecto a ése, no sabemos de dónde sea. ³⁰ Respondió el hombre, y les dijo: Pues esto es lo maravilloso, que vosotros no sepáis de dónde sea, y a mí me abrió los ojos. ³¹ Y sabemos que Dios no oye a los pecadores; pero si alguno es temeroso de Dios, y hace su voluntad, a ése oye. ³² Desde el principio no se ha oído decir que alguno abriese los ojos a uno que nació ciego. ³³ Si éste no viniera de Dios, nada podría hacer. ³⁴ Respondieron y le dijeron: Tú naciste del todo en pecado, ¿y nos enseñas a nosotros? Y le expulsaron.

3 Jn 11.4

4 Jn 11.9; 12.35

5 Jn 1.4; 8.12; 12.46
6 Mc 7.33; 8.23
7 V. 11; Lc 13.4; Jn 11.37

11 V. 7
14 Jn 5.9
15 V. 10
16 Mt 12.2; Jn 7.43; 10.19
17 V. 15; Mt 21.11
22 Jn 7.13; 12.42; v. 34; Lc 6.22
23 V. 21
24 Jos 7.19; 1 S 6.5; v. 16
27 V. 15; Jn 5.25
28 Jn 5.45
29 Jn 8.14
31 Job 27.8,9; Sal 34.15; 66.18; Pr 15.29; 28.9; Is 1.15; Jer 11.11; Zac 7.13
33 V. 16
34 V. 2

Ceguera espiritual

35 Oyó Jesús que le habían expulsado; y hallándole, le dijo: ¿Crees tú en el Hijo de Dios? 36 Respondió él y dijo: ¿Quién es, Señor, para que crea en él? 37 Le dijo Jesús: Pues le has visto, y el que habla contigo, él es. 38 Y él dijo: Creo, Señor; y le adoró. 39 Dijo Jesús: Para juicio he venido yo a este mundo; para que los que no ven, vean, y los que ven, sean cegados. 40 Entonces algunos de los fariseos que estaban con él, al oír esto, le dijeron: ¿Acaso nosotros somos también ciegos? 41 Jesús les respondió: Si fuerais ciegos, no tendríais pecado; mas ahora, porque decís: Vemos, vuestro pecado permanece.

Parábola del redil

10 De cierto, de cierto os digo: El que no entra por la puerta en el redil de las ovejas, sino que sube por otra parte, ése es ladrón y salteador. 2 Mas el que entra por la puerta, el pastor de las ovejas es. 3 A éste abre el portero, y las ovejas oyen su voz; y a sus ovejas llama por nombre, y las saca. 4 Y cuando ha sacado fuera todas las propias, va delante de ellas; y las ovejas le siguen, porque conocen su voz. 5 Mas al extraño no seguirán, sino huirán de él, porque no conocen la voz de los extraños. 6 Esta alegoría les dijo Jesús; pero ellos no entendieron qué era lo que les decía.

Jesús, el buen pastor

7 Volvió, pues, Jesús a decirles: De cierto, de cierto os digo: Yo soy la puerta de las ovejas. 8 Todos los que antes de mí vinieron, ladrones son y salteadores; pero no los oyeron las ovejas. 9 Yo soy la puerta; el que por mí entrare, será salvo; y entrará, y saldrá, y hallará pastos. 10 El ladrón no viene sino para hurtar y matar y destruir; yo he venido para que tengan vida, y para que la tengan en abundancia. 11 Yo soy el buen pastor; el buen pastor su vida da por las ovejas. 12 Mas el asalariado, y que no es el pastor, de quien no son propias las ovejas, ve venir al lobo y deja las ovejas y huye, y el lobo arrebata las ovejas y las dispersa. 13 Así que el asalariado huye, porque es asalariado, y no le importan las ovejas. 14 Yo soy el buen pastor; y conozco

---

35 Mt 14.33; 16.16; Mc 1.1; Jn 10.36
36 Ro 10.14
37 Jn 4.26
38 Mt 28.9
39 Jn 5.22,27; 3.19; Mt 13.13; 15.14
40 Ro 2.19

41 Jn 15.22,24

CAPÍTULO 10

2 Mc 6.34; vv. 11,12
3 Vv. 16,27,9
4 V. 3
6 Jn 16.25
7 Jer 23.1,2; Ez 34.2
10 Jn 5.40
11 Is 40.11; Ez 34.11-16, 23; Heb 13.20; 1 P 5.4; Ap 7.17; 1 Jn 3.16; Jn 15.13
12 Zac 11.16,17
14 Vv. 11,27
15 Mt 11.27
16 Is 56.8; Jn 11.52; Ef 2.14; 1 P 2.25
17 Is 53.7,8,12
18 Jn 2.19; 15.10; Heb 5.8
19 Jn 7.43; 9.16
20 Jn 7.20; 8.48; Mc 3.21
21 Jn 9.32,33; Éx 4.11
23 Hch 3.11; 5.12
25 Jn 5.36
26 Jn 8.47
27 Vv. 4,14
28 Jn 17.2,3; 1 Jn 2.25; Jn 6.37,39
29 Jn 14.28; 17.2,6ss
30 Jn 17.21ss

---

mis ovejas, y las mías me conocen, 15 así como el Padre me conoce, y yo conozco al Padre; y pongo mi vida por las ovejas. 16 También tengo otras ovejas que no son de este redil; aquéllas también debo traer, y oirán mi voz; y habrá un rebaño, y un pastor. 17 Por eso me ama el Padre, porque yo pongo mi vida, para volverla a tomar. 18 Nadie me la quita, sino que yo de mí mismo la pongo. Tengo poder para ponerla, y tengo poder para volverla a tomar. Este mandamiento recibí de mi Padre.

Gracias, Padre Dios, porque Jesús vino para que _____ tengan vida y para que la tengan en abundancia.

DE JUAN 10.10

19 Volvió a haber disensión entre los judíos por estas palabras. 20 Muchos de ellos decían: Demonio tiene, y está fuera de sí; ¿por qué le oís? 21 Decían otros: Estas palabras no son de endemoniado. ¿Puede acaso el demonio abrir los ojos de los ciegos?

Los judíos rechazan a Jesús

22 Celebrábase en Jerusalén la fiesta de la dedicación. Era invierno, 23 y Jesús andaba en el templo por el pórtico de Salomón. 24 Y le rodearon los judíos y le dijeron: ¿Hasta cuándo nos turbarás el alma? Si tú eres el Cristo, dínoslo abiertamente. 25 Jesús les respondió: Os lo he dicho, y no creéis; las obras que yo hago en nombre de mi Padre, ellas dan testimonio de mí; 26 pero vosotros no creéis, porque no sois de mis ovejas, como os he dicho. 27 Mis ovejas oyen mi voz, y yo las conozco, y me siguen, 28 y yo les doy vida eterna; y no perecerán jamás, ni nadie las arrebatará de mi mano. 29 Mi Padre que me las dio, es mayor que todos, y nadie las puede arrebatar de la mano de mi Padre. 30 Yo y el Padre uno somos.

³¹ Entonces los judíos volvieron a tomar piedras para apedrearle. ³² Jesús les respondió: Muchas buenas obras os he mostrado de mi Padre; ¿por cuál de ellas me apedreáis? ³³ Le respondieron los judíos, diciendo: Por buena obra no te apedreamos, sino por la blasfemia; porque tú, siendo hombre, te haces Dios. ³⁴ Jesús les respondió: ¿No está escrito en vuestra ley: Yo dije, dioses sois? ³⁵ Si llamó dioses a aquellos a quienes vino la palabra de Dios (y la Escritura no puede ser quebrantada), ³⁶ ¿al que el Padre santificó y envió al mundo, vosotros decís: Tú blasfemas, porque dije: Hijo de Dios soy? ³⁷ Si no hago las obras de mi Padre, no me creáis. ³⁸ Mas si las hago, aunque no me creáis a mí, creed a las obras, para que conozcáis y creáis que el Padre está en mí, y yo en el Padre. ³⁹ Procuraron otra vez prenderle, pero él se escapó de sus manos.

⁴⁰ Y se fue de nuevo al otro lado del Jordán, al lugar donde primero había estado bautizando Juan; y se quedó allí. ⁴¹ Y muchos venían a él, y decían: Juan, a la verdad, ninguna señal hizo; pero todo lo que Juan dijo de éste, era verdad. ⁴² Y muchos creyeron en él allí.

Muerte de Lázaro

11 Estaba entonces enfermo uno llamado Lázaro, de Betania, la aldea de María y de Marta su hermana. ² (María, cuyo hermano Lázaro estaba enfermo, fue la que ungió al Señor con perfume, y le enjugó los pies con sus cabellos.) ³ Enviaron, pues, las hermanas para decir a Jesús: Señor, he aquí el que amas está enfermo. ⁴ Oyéndolo Jesús, dijo: Esta enfermedad no es para muerte, sino para la gloria de Dios, para que el Hijo de Dios sea glorificado por ella.

⁵ Y amaba Jesús a Marta, a su hermana y a Lázaro. ⁶ Cuando oyó, pues, que estaba enfermo, se quedó dos días más en el lugar donde estaba. ⁷ Luego, después de esto, dijo a los discípulos: Vamos a Judea otra vez. ⁸ Le dijeron los discípulos: Rabí, ahora procuraban los judíos apedrearte, ¿y otra vez vas allá? ⁹ Respondió Jesús: ¿No tiene el día doce horas? El que anda de día, no tropieza, porque ve la luz de este mundo; ¹⁰ pero el que anda de noche, tropieza, porque no hay luz en él. ¹¹ Dicho esto, les dijo después: Nuestro amigo Lázaro duerme; mas voy para despertarle. ¹² Dijeron entonces sus discípulos: Señor, si duerme, sanará. ¹³ Pero Jesús decía esto de la muerte de Lázaro; y ellos pensaron que hablaba del reposar del sueño. ¹⁴ Entonces Jesús les dijo claramente: Lázaro ha muerto; ¹⁵ y me alegro por vosotros, de no haber estado allí, para que creáis; mas vamos a él. ¹⁶ Dijo entonces Tomás, llamado Dídimo, a sus condiscípulos: Vamos también nosotros, para que muramos con él.

Jesús, la resurrección y la vida

¹⁷ Vino, pues, Jesús, y halló que hacía ya cuatro días que Lázaro estaba en el sepulcro. ¹⁸ Betania estaba cerca de Jerusalén, como a quince estadios; ¹⁹ y muchos de los judíos habían venido a Marta y a María, para consolarlas por su hermano. ²⁰ Entonces Marta, cuando oyó que Jesús venía, salió a encontrarle; pero María se quedó en casa. ²¹ Y Marta dijo a Jesús: Señor, si hubieses estado aquí, mi hermano no habría muerto. ²² Mas también sé ahora que todo lo que pidas a Dios, Dios te lo dará. ²³ Jesús le dijo: Tu hermano resucitará. ²⁴ Marta le dijo: Yo sé que resucitará en la resurrección, en el día postrero. ²⁵ ♪ Le dijo Jesús: Yo soy la resurrección y la vida; el que cree en mí, aunque esté muerto, vivirá. ♪ ²⁶ Y todo aquel que vive y cree en mí, no morirá eternamente. ¿Crees esto? ²⁷ Le dijo: Sí, Señor; yo he creído que tú eres el Cristo, el Hijo de Dios, que has venido al mundo.

Jesús llora ante la tumba de Lázaro

²⁸ Habiendo dicho esto, fue y llamó a María su hermana, diciéndole en secreto: El Maestro está aquí y te llama. ²⁹ Ella, cuando lo oyó, se levantó de prisa y vino a él. ³⁰ Jesús todavía no había entrado en la aldea, sino que estaba en el lugar donde Marta le había encontrado. ³¹ Entonces los judíos que estaban en casa con ella y la consolaban, cuando vieron que María se había levantado de prisa y había salido, la siguieron, diciendo: Va al sepulcro a llorar allí. ³² María, cuando llegó a donde estaba

---

Referencias marginales:

31 Jn 8.59
33 Jn 5.18
34 Sal 82.6
36 Jn 6.69; 3.17; Jn 5.17,18
37 Jn 15.24
38 Jn 14.10,11; 17.21
39 Jn 7.30; 8.59
40 Jn 1.28
41 Jn 2.11; 3.30
42 Jn 7.31; 11.45

CAPÍTULO 11
1 Mc 11.1; Lc 10.38
2 Mc 14.3; Lc 7.38; Jn 12.3
3 Lc 7.13
4 V. 40; Jn 9.3
7 Jn 10.40
8 Jn 10.31
9 Lc 13.33; Jn 9.4; 12.35
11 V. 3; Mt 27.52; Mc 5.39; Hch 7.60
13 Mt 9.24; Lc 8.52
16 Mt 10.3; Jn 20.24-28
17 V. 39
18 V. 1
19 Job 2.11
21 Vv. 2,32
22 Jn 9.31
24 Dn 12.2; Jn 5.28,29; Mt 24.15
25 Jn 1.4; 5.26; 14.6; 3.36
26 Jn 6.47; 8.51
27 Mt 16.16; Jn 6.14
28 Mt 26.18; Lc 22.11
30 V. 20
31 V. 19
32 V. 21

Querida mujer de propósito:

C uando pensamos en la resurrección de Jesús, recordamos su gran sacrificio y amor. Recordamos las palabras de 1 Juan 3.8: «Para esto apareció el Hijo de Dios, para deshacer las obras del diablo».

Amigas, piensen en el impacto total de estas palabras unidas a la acción de Jesús. De morir y después resucitar. Lo que estaba muerto ahora está vivo; las implicaciones son poderosas.

La resurrección solo se necesita si algo está muerto. Como mujer, muchas veces existe un sentimiento de estar atrapadas en la vida. Descubre que está atrapada por circunstancias, por las finanzas o por falta de amor. Entonces debido a ese sentimiento de estar atrapada, muchas cosas parecen «morir» dentro de su corazón. Aún cuando no puede definir las emociones por las que atraviesa, no obstante, se sienten; y ellas hacen impacto en su perspectiva de la vida, devorándola por dentro. Finalmente, usted clama: «¿Oh Dios, hay alguna esperanza?».

Hoy, las palabras de Jesús en Juan 11.25 deben producir fe en su espíritu. El Espíritu Santo le está diciendo ahora mismo: «Levántate, mujer de propósito, porque lo que estaba muerto puede volver a vivir». La resurrección de Jesús es la prueba de que las cosas muertas pueden volver a la vida de nuevo.

En el Antiguo Testamento, vemos a Ezequiel de pie en el valle de los huesos secos, muertos. Dios le hizo la última pregunta: «¿Vivirán estos huesos?» (Ez 37.3). Ezequiel respondió bien, pero con una evasiva: «Tú lo sabes», fue su única respuesta al Dios omnipotente. Como una prueba de fe para Ezequiel y una señal de su poder, Dios le dio instrucciones al profeta: «Profetiza sobre estos huesos» (v. 4). Ezequiel necesitaba quitar sus ojos de lo que parecía ser una realidad; todos esos huesos secos y sin vida. Por el momento, Ezequiel comenzó a ver la situación a través de los ojos de Dios. Entonces fue liberado para actuar basado en la palabra de Jehová; y las cosas comenzaron a cambiar.

Esa misma fe debe comenzar a surgir en su espíritu ahora mismo por su situación personal. Dios habla una palabra a su espíritu mediante la resurrección de Jesús. Él le está diciendo: «Todos sus sueños que han muerto, su matrimonio que parece haber perdido su chispa de entusiasmo, su esperanza por gozo y satisfacción; pueden volver a vivir. Donde ha perdido la esperanza por las cosas al pasar por el valle de muerte, deje que el poder de su resurrección empiece a fluir con esperanza renovada.

La resurrección de Jesús le dice que incluso la visión y el ministerio que usted ha enterrado pueden resucitar nuevamente. ¡Créalo! Todos sus días, todo su futuro no volverán a ser iguales, debido al nuevo conocimiento del poder de su resurrección.

Hoy, ahora mismo, Jesús le dice: «Yo soy la resurrección y la vida. Lo que estaba muerto, vivirá otra vez». Por lo tanto, le digo en la autoridad del poder de la resurrección de Jesús: «Sea sanada, sea restaurada y reclame su destino dado por Dios».

Naomi Dowdy

Jesús, al verle, se postró a sus pies, diciéndole: Señor, si hubieses estado aquí, no habría muerto mi hermano. 33 Jesús entonces, al verla llorando, y a los judíos que la acompañaban, también llorando, se estremeció en espíritu y se conmovió, 34 y dijo: ¿Dónde le pusisteis? Le dijeron: Señor, ven y ve. 35 Jesús lloró. 36 Dijeron entonces los judíos: Mirad cómo le amaba. 37 Y algunos de ellos dijeron: ¿No podía éste, que abrió los ojos al ciego, haber hecho también que Lázaro no muriera?

Resurrección de Lázaro

38 Jesús, profundamente conmovido otra vez, vino al sepulcro. Era una cueva, y tenía una piedra puesta encima. 39 Dijo Jesús: Quitad la piedra. Marta, la hermana del que había muerto, le dijo: Señor, hiede ya, porque es de cuatro días. 40 Jesús le dijo: ¿No te he dicho que si crees, verás la gloria de Dios? 41 Entonces quitaron la piedra de donde había sido puesto el muerto. Y Jesús, alzando los ojos a lo alto, dijo: Padre, gracias te doy por haberme oído. 42 Yo sabía que siempre me oyes; pero lo dije por causa de la multitud que está alrededor, para que crean que tú me has enviado. 43 Y habiendo dicho esto, clamó a gran voz: ¡Lázaro, ven fuera! 44 Y el que había muerto salió, atadas las manos y los pies con vendas, y el rostro envuelto en un sudario. Jesús les dijo: Desatadle, y dejadle ir.

El complot para matar a Jesús

45 Entonces muchos de los judíos que habían venido para acompañar a María, y vieron lo que hizo Jesús, creyeron en él. 46 Pero algunos de ellos fueron a los fariseos y les dijeron lo que Jesús había hecho. 47 Entonces los principales sacerdotes y los fariseos reunieron el concilio, y dijeron: ¿Qué haremos? Porque este hombre hace muchas señales. 48 Si le dejamos así, todos creerán en él; y vendrán los romanos, y destruirán nuestro lugar santo y nuestra nación. 49 Entonces Caifás, uno de ellos, sumo sacerdote aquel año, les dijo: Vosotros no sabéis nada; 50 ni pensáis que nos conviene que un hombre muera por el pueblo, y no que toda la

33 V. 38;
Jn 12.27;
13.21
35 Lc 19.41
37 Jn 9.6,7
38 V. 33;
Mt 27.60;
Mc 15.46;
Lc 24.2;
Jn 20.1
39 V. 17
40 Vv. 4,23
41 Jn 17.1;
Mt 11.25
42 Jn 12.30;
3.17
44 Jn 19.40;
20.7
45 V. 19;
Jn 2.23
47 V. 57;
Mt 26.3
49 Mt 26.3;
Jn 18.13,14
50 Jn 18.14
52 Is 49.6;
Jn 10.16
53 Mt 26.4
54 Jn 7.1;
2 Cr 13.19
55 Mt 26.1,2;
Mc 14.1;
Lc 22.1;
Jn 12.1;
Nm 9.10;
2 Cr 30.17,
18
56 Jn 7.11

CAPÍTULO 12
1 Lc 7.37-39;
Jn 11.55
2 Lc 10.38

3 Jn 11.2;
Mc 14.3

4 Jn 6.71

6 Jn 13.29;
Lc 8.3

7 Jn 19.40

8 Mt 26.11;
Mc 14.7

9 Mc 12.37;
Mt 11.43,44

nación perezca. 51 Esto no lo dijo por sí mismo, sino que como era el sumo sacerdote aquel año, profetizó que Jesús había de morir por la nación; 52 y no solamente por la nación, sino también para congregar en uno a los hijos de Dios que estaban dispersos. 53 Así que, desde aquel día acordaron matarle.

54 Por tanto, Jesús ya no andaba abiertamente entre los judíos, sino que se alejó de allí a la región contigua al desierto, a una ciudad llamada Efraín; y se quedó allí con sus discípulos.

55 Y estaba cerca la pascua de los judíos; y muchos subieron de aquella región a Jerusalén antes de la pascua, para purificarse. 56 Y buscaban a Jesús, y estando ellos en el templo, se preguntaban unos a otros: ¿Qué os parece? ¿No vendrá a la fiesta? 57 Y los principales sacerdotes y los fariseos habían dado orden de que si alguno supiese dónde estaba, lo manifestase, para que le prendiesen.

Jesús es ungido en Betania

12 Seis días antes de la pascua, vino Jesús a Betania, donde estaba Lázaro, el que había estado muerto, y a quien había resucitado de los muertos. 2 Y le hicieron allí una cena; Marta servía, y Lázaro era uno de los que estaban sentados a la mesa con él. 3 Entonces María tomó una libra de perfume de nardo puro, de mucho precio, y ungió los pies de Jesús, y los enjugó con sus cabellos; y la casa se llenó del olor del perfume. 4 Y dijo uno de sus discípulos, Judas Iscariote hijo de Simón, el que le había de entregar: 5 ¿Por qué no fue este perfume vendido por trescientos denarios, y dado a los pobres? 6 Pero dijo esto, no porque se cuidara de los pobres, sino porque era ladrón, y teniendo la bolsa, sustraía de lo que se echaba en ella. 7 Entonces Jesús dijo: Déjala; para el día de mi sepultura ha guardado esto. 8 Porque a los pobres siempre los tendréis con vosotros, mas a mí no siempre me tendréis.

El complot contra Lázaro

9 Gran multitud de los judíos supieron entonces que él estaba allí, y vinieron, no

JUAN 12.1-7

Querida mujer de propósito:

No hay nada más fascinante y victorioso, que una mujer que sabe verdaderamente cómo adorar. De tan solo mirarla casi se puede decir que ha estado en la presencia del Señor. No hay quien la detenga, no importa lo que se lance a su camino. Ella tiene un don sobrenatural para sobrepasar todas las cosas que tratan de obstaculizarla. A pesar de los obstáculos sigue dándole a Dios lo que es digno de Él. Ella entiende que lo adoramos debido a quién es Él, no debido a quienes somos nosotros.

Veamos un momento a María de Betania. En Juan 12.1-7 vemos que su sacrificio era de renuncia total. Esto le costó mucho dinero; no obstante ella lo dio voluntariamente, negándose a sí misma y entregando completamente las cosas que más apreciaba a quien amaba más.

Entre el grupo reunido en la casa de Betania ese día estaba Judas, quien no entendió el sentido de la adoración abundante que María vertió sobre Jesús. A diferencia de Judas quien más tarde traicionó a Jesús, María poseía un amor leal y ferviente por Él, que no podía venderse o comprarse. Aunque era cierto que el ungüento que ella usó pudo haberse vendido y el dinero habérselo dado a los pobres, sirvió para una misión mayor; la de mostrar amor y afecto a su amado Jesús y de preparar su cuerpo para la sepultura. Mediante este acto ella estaba haciendo una declaración profunda: Nada es demasiado bueno, nada es demasiado costoso para no darlo a mi Salvador.

A veces es difícil expresarse y adorar verdaderamente si tememos que nuestras acciones puedan ser criticadas y ridiculizadas por otros. La lección que aprendemos de María es que no debemos dejar que nuestro temor u orgullo (queriendo que otros piensen bien de nosotros y nos respeten) nos detengan de adorar al Señor de la forma que Él merece. No podemos dejar que nada se convierta en un ídolo ante el Señor.

Oiga esto mi hermana: cualquier cosa que le impida adorar a Dios, ya sea que nos demos cuenta o no, se convierte en un ídolo porque llega a ser más importante para nosotras que Él. El sacrificio de María debe retarnos a dar todo lo que tenemos en adoración al Señor. La reto a que empiece a pensar sobre lo que puede sacrificar y entregar lo que es más querido para usted que Jesús. Desde el tiempo de las ofrendas quemadas, Dios ha sonreído y recibido amorosamente los sacrificios de un corazón que lo ama. A pesar de lo que podría costarnos, Mujer de propósito, busquemos todas agradarle de esa manera.

Judith Christie-McAllister

solamente por causa de Jesús, sino también para ver a Lázaro, a quien había resucitado de los muertos. ¹⁰ Pero los principales sacerdotes acordaron dar muerte también a Lázaro, ¹¹ porque a causa de él muchos de los judíos se apartaban y creían en Jesús.

La entrada triunfal en Jerusalén

¹² El siguiente día, grandes multitudes que habían venido a la fiesta, al oír que Jesús venía a Jerusalén, ¹³ tomaron ramas de palmera y salieron a recibirle, y clamaban: ¡Hosanna! ¡Bendito el que viene en el nombre del Señor, el Rey de Israel! ¹⁴ Y halló Jesús un asnillo, y montó sobre él, como está escrito:

¹⁵ No temas, hija de Sion;
He aquí tu Rey viene,
Montado sobre un pollino de asna.

¹⁶ Estas cosas no las entendieron sus discípulos al principio; pero cuando Jesús fue glorificado, entonces se acordaron de que estas cosas estaban escritas acerca de él, y de que se las habían hecho. ¹⁷ Y daba testimonio la gente que estaba con él cuando llamó a Lázaro del sepulcro, y le resucitó de los muertos. ¹⁸ Por lo cual también había venido la gente a recibirle, porque había oído que él había hecho esta señal. ¹⁹ Pero los fariseos dijeron entre sí: Ya veis que no conseguís nada. Mirad, el mundo se va tras él.

Unos griegos buscan a Jesús

²⁰ Había ciertos griegos entre los que habían subido a adorar en la fiesta. ²¹ Estos, pues, se acercaron a Felipe, que era de Betsaida de Galilea, y le rogaron, diciendo: Señor, quisiéramos ver a Jesús. ²² Felipe fue y se lo dijo a Andrés; entonces Andrés y Felipe se lo dijeron a Jesús. ²³ Jesús les respondió diciendo: Ha llegado la hora para que el Hijo del Hombre sea glorificado. ²⁴ De cierto, de cierto os digo, que si el grano de trigo no cae en la tierra y muere, queda solo; pero si muere, lleva mucho fruto. ²⁵ El que ama su vida, la perderá; y el que aborrece su vida en este mundo, para vida eterna la guardará. ²⁶ Si alguno me sirve, sígame; y donde yo estuviere, allí también estará mi servidor. Si alguno me sirviere, mi Padre le honrará.

Jesús anuncia su muerte

²⁷ Ahora está turbada mi alma; ¿y qué diré? ¿Padre, sálvame de esta hora? Mas para esto he llegado a esta hora. ²⁸ Padre, glorifica tu nombre. Entonces vino una voz del cielo: Lo he glorificado, y lo glorificaré otra vez. ²⁹ Y la multitud que estaba allí, y había oído la voz, decía que había sido un trueno. Otros decían: Un ángel le ha hablado. ³⁰ Respondió Jesús y dijo: No ha venido esta voz por causa mía, sino por causa de vosotros. ³¹ Ahora es el juicio de este mundo; ahora el príncipe de este mundo será echado fuera. ³² Y yo, si fuere levantado de la tierra, a todos traeré a mí mismo. ³³ Y decía esto dando a entender de qué muerte iba a morir. ³⁴ Le respondió la gente: Nosotros hemos oído de la ley, que el Cristo permanece para siempre. ¿Cómo, pues, dices tú que es necesario que el Hijo del Hombre sea levantado? ¿Quién es este Hijo del Hombre? ³⁵ Entonces Jesús les dijo: Aún por un poco está la luz entre vosotros; andad entre tanto que tenéis luz, para que no os sorprendan las tinieblas; porque el que anda en tinieblas, no sabe a dónde va. ³⁶ Entre tanto que tenéis la luz, creed en la luz, para que seáis hijos de luz.

Incredulidad de los judíos

Estas cosas habló Jesús, y se fue y se ocultó de ellos. ³⁷ Pero a pesar de que había hecho tantas señales delante de ellos, no creían en él; ³⁸ para que se cumpliese la palabra del profeta Isaías, que dijo:

Señor, ¿quién ha creído a nuestro
anuncio?
¿Y a quién se ha revelado el brazo
del Señor?

³⁹ Por esto no podían creer, porque también dijo Isaías:

⁴⁰ Cegó los ojos de ellos, y endureció
su corazón;
Para que no vean con los ojos, y
entiendan con el corazón,
Y se conviertan, y yo los sane.

⁴¹ Isaías dijo esto cuando vio su gloria, y habló acerca de él. ⁴² Con todo eso, aun de los gobernantes, muchos creyeron en él; pero a causa de los fariseos no lo confesaban, para no ser expulsados de la sinagoga. ⁴³ Porque amaban más la gloria de los hombres que la gloria de Dios.

Referencias (columna central):

11 V. 18; Jn 11.45
13 Sal 118.25, 26; Jn 1.49
14 Zac 9.9
16 Mc 9.32; Jn 2.22; 14.26; 7.39
18 V. 11
19 Jn 11.47,48
20 Jn 7.35; Hch 11.20
21 Jn 1.44
23 Jn 13.1,32; 17.1; Mc 14.35, 41
24 1 Co 15.36
25 Mt 10.39; Mc 8.35; Lc 9.24; 14.26
26 Jn 14.3; 17.24; 1 Ts 4.17
27 Mt 26.38,39 Mc 14.34; Jn 11.33
28 Mt 3.17; 17.5; Mc 1.11; 9.7; Lc 3.22; 9.35
30 Jn 11.42
31 Jn 16.11; 14.30; 2 Co 4.4; Ef 2.2
32 Jn 3.14; 8.28; 6.44
33 Jn 18.32
34 Sal 110.4; Is 9.7; Ez 37.25; Dn 7.14
36 Lc 16.8; Jn 8.59
37 Jn 2.11
38 Is 53.1; Ro 10.16
40 Is 6.9,10; Mt 13.14
41 Is 6.1
42 Jn 7.48,13; 9.22
43 Jn 5.44

Las palabras de Jesús juzgarán a los hombres

⁴⁴ Jesús clamó y dijo: El que cree en mí, no cree en mí, sino en el que me envió; ⁴⁵ y el que me ve, ve al que me envió. ⁴⁶ Yo, la luz, he venido al mundo, para que todo aquel que cree en mí no permanezca en tinieblas. ⁴⁷ Al que oye mis palabras, y no las guarda, yo no le juzgo; porque no he venido a juzgar al mundo, sino a salvar al mundo. ⁴⁸ El que me rechaza, y no recibe mis palabras, tiene quien le juzgue; la palabra que he hablado, ella le juzgará en el día postrero. ⁴⁹ Porque yo no he hablado por mi propia cuenta; el Padre que me envió, él me dio mandamiento de lo que he de decir, y de lo que he de hablar. ⁵⁰ Y sé que su mandamiento es vida eterna. Así pues, lo que yo hablo, lo hablo como el Padre me lo ha dicho.

Jesús lava los pies de sus discípulos

13 Antes de la fiesta de la pascua, sabiendo Jesús que su hora había llegado para que pasase de este mundo al Padre, como había amado a los suyos que estaban en el mundo, los amó hasta el fin. ² Y cuando cenaban, como el diablo ya había puesto en el corazón de Judas Iscariote, hijo de Simón, que le entregase, ³ sabiendo Jesús que el Padre le había dado todas las cosas en las manos, y que había salido de Dios, y a Dios iba, ⁴ se levantó de la cena, y se quitó su manto, y tomando una toalla, se la ciñó. ⁵ Luego puso agua en un lebrillo, y comenzó a lavar los pies de los discípulos, y a enjugarlos con la toalla con que estaba ceñido. ⁶ Entonces vino a Simón Pedro; y Pedro le dijo: Señor, ¿tú me lavas los pies? ⁷ Respondió Jesús y le dijo: Lo que yo hago, tú no lo comprendes ahora; mas lo entenderás después. ⁸ Pedro le dijo: No me lavarás los pies jamás. Jesús le respondió: Si no te lavare, no tendrás parte conmigo. ⁹ Le dijo Simón Pedro: Señor, no sólo mis pies, sino también las manos y la cabeza. ¹⁰ Jesús le dijo: El que está lavado, no necesita sino lavarse los pies, pues está todo limpio; y vosotros limpios estáis, aunque no todos. ¹¹ Porque sabía quién le iba a entregar; por eso dijo: No estáis limpios todos.

¹² Así que, después que les hubo lavado los pies, tomó su manto, volvió a la mesa, y les dijo: ¿Sabéis lo que os he hecho? ¹³ Vosotros me llamáis Maestro, y Señor; y decís bien, porque lo soy. ¹⁴ Pues si yo, el Señor y el Maestro, he lavado vuestros pies, vosotros también debéis lavaros los pies los unos a los otros. ¹⁵ Porque ejemplo os he dado, para que como yo os he hecho, vosotros también hagáis. ¹⁶ De cierto, de cierto os digo: El siervo no es mayor que su señor, ni el enviado es mayor que el que le envió. ¹⁷ Si sabéis estas cosas, bienaventurados seréis si las hiciereis. ¹⁸ No hablo de todos vosotros; yo sé a quienes he elegido; mas para que se cumpla la Escritura: El que come pan conmigo, levantó contra mí su calcañar. ¹⁹ Desde ahora os lo digo antes que suceda, para que cuando suceda, creáis que yo soy. ²⁰ De cierto, de cierto os digo: El que recibe al que yo enviare, me recibe a mí; y el que me recibe a mí, recibe al que me envió.

Jesús anuncia la traición de Judas

²¹ Habiendo dicho Jesús esto, se conmovió en espíritu, y declaró y dijo: De cierto, de cierto os digo, que uno de vosotros me va a entregar. ²² Entonces los discípulos se miraban unos a otros, dudando de quién hablaba. ²³ Y uno de sus discípulos, al cual Jesús amaba, estaba recostado al lado de Jesús. ²⁴ A éste, pues, hizo señas Simón Pedro, para que preguntase quién era aquel de quien hablaba. ²⁵ El entonces, recostado cerca del pecho de Jesús, le dijo: Señor, ¿quién es? ²⁶ Respondió Jesús: A quien yo diere el pan mojado, aquél es. Y mojando el pan, lo dio a Judas Iscariote hijo de Simón. ²⁷ Y después del bocado, Satanás entró en él. Entonces Jesús le dijo: Lo que vas a hacer, hazlo más pronto. ²⁸ Pero ninguno de los que estaban a la mesa entendió por qué le dijo esto. ²⁹ Porque algunos pensaban, puesto que Judas tenía la bolsa, que Jesús le decía: Compra lo que necesitamos para la fiesta; o que diese algo a los pobres. ³⁰ Cuando él, pues, hubo tomado el bocado, luego salió; y era ya de noche.

El nuevo mandamiento

31 Entonces, cuando hubo salido, dijo Jesús: Ahora es glorificado el Hijo del Hombre, y Dios es glorificado en él. 32 Si Dios es glorificado en él, Dios también le glorificará en sí mismo, y en seguida le glorificará. 33 Hijitos, aún estaré con vosotros un poco. Me buscaréis; pero como dije a los judíos, así os digo ahora a vosotros: A donde yo voy, vosotros no podéis ir.

Precioso salvador,
que _____ amen a otros
como tú los has amado.

DE JUAN 13.34

34 Un mandamiento nuevo os doy: Que os améis unos a otros; como yo os he amado, que también os améis unos a otros. 35 En esto conocerán todos que sois mis discípulos, si tuviereis amor los unos con los otros.

Jesús anuncia la negación de Pedro

36 Le dijo Simón Pedro: Señor, ¿a dónde vas? Jesús le respondió: A donde yo voy, no me puedes seguir ahora; mas me seguirás después. 37 Le dijo Pedro: Señor, ¿por qué no te puedo seguir ahora? Mi vida pondré por ti. 38 Jesús le respondió: ¿Tu vida pondrás por mí? De cierto, de cierto te digo: No cantará el gallo, sin que me hayas negado tres veces.

Jesús, el camino al Padre

14 No se turbe vuestro corazón; creéis en Dios, creed también en mí. 2 En la casa de mi Padre muchas moradas hay; si así no fuera, yo os lo hubiera dicho; voy, pues, a preparar lugar para vosotros. 3 Y si me fuere y os preparare lugar, vendré otra vez, y os tomaré a mí mismo, para que donde yo estoy, vosotros también estéis. 4 Y

sabéis a dónde voy, y sabéis el camino. 5 Le dijo Tomás: Señor, no sabemos a dónde vas; ¿cómo, pues, podemos saber el camino? 6 Jesús le dijo: Yo soy el camino, y la verdad, y la vida; nadie viene al Padre, sino por mí.

Señor Jesús, que _____
sepa que tú eres el camino,
la verdad y la vida; que
nadie viene al Padre
sino a través de ti.

DE JUAN 14.6

7 Si me conocieseis, también a mi Padre conoceríais; y desde ahora le conocéis, y le habéis visto.

8 Felipe le dijo: Señor, muéstranos el Padre, y nos basta. 9 Jesús le dijo: ¿Tanto tiempo hace que estoy con vosotros, y no me has conocido, Felipe? El que me ha visto a mí, ha visto al Padre; ¿cómo, pues, dices tú: Muéstranos el Padre? 10 ¿No crees que yo soy en el Padre, y el Padre en mí? Las palabras que yo os hablo, no las hablo por mi propia cuenta, sino que el Padre que mora en mí, él hace las obras. 11 Creedme que yo soy en el Padre, y el Padre en mí; de otra manera, creedme por las mismas obras.

Permanezca en paz.
Muévase solo cuando lo
hace Jesús. En Jesús hay
vida, y Él tiene que dar
vida a toda cosa viviente.

MADAME JEANNE GUYON

---

31 Jn 7.39;
14.13;
1 P 4.11
32 Jn 17.1

33 Jn 7.33,34

34 Lv 19.18;
Jn 15.12;
1 P 1.22;
1 Jn 2.7;
3.11; 4.10
35 1 Jn 3.14;
4.20

36 Jn 21.18;
2 P 1.14

37 Mt 26.33-35
Mc 14.29-31;
Lc 22.33,34
38 Jn 18.27

CAPÍTULO 14
1 Jn 16.23,24
2 Jn 13.33
3 Jn 12.26
5 Jn 11.16
6 Jn 10.9;
8.32; 1.4;
11.25
7 Jn 8.19
9 Jn 12.45
10 Jn 10.38;
5.19; 12.49
11 Jn 5.36;
10.38

¹² De cierto, de cierto os digo: El que en mí cree, las obras que yo hago, él las hará también; y aun mayores hará, porque yo voy al Padre. ¹³ Y todo lo que pidiereis al Padre en mi nombre, lo haré, para que el Padre sea glorificado en el Hijo. ¹⁴ Si algo pidiereis en mi nombre, yo lo haré.

No podemos hacer nada sin el Espíritu Santo.

EVAN ROBERTS

La promesa del Espíritu Santo

¹⁵ Si me amáis, guardad mis mandamientos. ¹⁶ Y yo rogaré al Padre, y os dará otro Consolador, para que esté con vosotros para siempre: ¹⁷ el Espíritu de verdad, al cual el mundo no puede recibir, porque no le ve, ni le conoce; pero vosotros le conocéis, porque mora con vosotros, y estará en vosotros.

¹⁸ No os dejaré huérfanos; vendré a vosotros.

Señor Jesús, tú eres la vid y nosotros las ramas. Que _____ permanezcan en ti y lleven mucho fruto, porque sin ti no pueden hacer nada.

DE JUAN 15.5

¹⁹ Todavía un poco, y el mundo no me verá más; pero vosotros me veréis; porque yo vivo, vosotros también viviréis. ²⁰ En aquel día vosotros conoceréis que yo estoy en mi Padre, y vosotros en mí, y yo en vosotros. ²¹ El que tiene mis mandamientos, y los guarda, ése es el que me ama; y el que me ama, será amado por mi Padre, y yo le amaré, y me manifestaré a él. ²² Le dijo Judas (no el Iscariote): Señor, ¿cómo es que te manifestarás a nosotros, y no al mundo? ²³ Respondió Jesús y le dijo: El que me ama, mi palabra guardará; y mi Padre le amará, y vendremos a él, y haremos morada con él. ²⁴ El que no me ama, no guarda mis palabras; y la palabra que habéis oído no es mía, sino del Padre que me envió.

²⁵ Os he dicho estas cosas estando con vosotros. ²⁶ Mas el Consolador, el Espíritu Santo, a quien el Padre enviará en mi nombre, él os enseñará todas las cosas, y os recordará todo lo que yo os he dicho. ²⁷ La paz os dejo, mi paz os doy; yo no os la doy como el mundo la da. No se turbe vuestro corazón, ni tenga miedo. ²⁸ Habéis oído que yo os he dicho: Voy, y vengo a vosotros. Si me amarais, os habríais regocijado, porque he dicho que voy al Padre; porque el Padre mayor es que yo. ²⁹ Y ahora os lo he dicho antes que suceda, para que cuando suceda, creáis. ³⁰ No hablaré ya mucho con vosotros; porque viene el príncipe de este mundo, y él nada tiene en mí. ³¹ Mas para que el mundo conozca que amo al Padre, y como el Padre me mandó, así hago. Levantaos, vamos de aquí.

Jesús, la vid verdadera

15 Yo soy la vid verdadera, y mi Padre es el labrador. ² Todo pámpano que en mí no lleva fruto, lo quitará; y todo aquel que lleva fruto, lo limpiará, para que lleve más fruto. ³ Ya vosotros estáis limpios por la palabra que os he hablado. ⁴ Permaneced en mí, y yo en vosotros. Como el pámpano no puede llevar fruto por sí mismo, si no permanece en la vid, así tampoco vosotros, si no permanecéis en mí.

⁵ Yo soy la vid, vosotros los pámpanos; el que permanece en mí, y yo en él, éste lleva mucho fruto; porque separados de mí nada podéis hacer. ⁶ El que en mí no permanece, será echado fuera como pámpano, y se secará; y los recogen, y los echan en el fuego, y arden. ⁷ Si permanecéis en mí, y mis

Referencias
12 Mt 21.21; Lc 10.17
13 Jn 15.7,16; 16.23; Stg 1.5
15 Jn 15.10; 1 Jn 5.3
16 Jn 15.26; 16.7; 1 Jn 2.1
17 Jn 16.13; 1 Jn 4.6; 1 Co 2.14
18 Vv. 3,28
19 Jn 7.33; 16.16; 6.57
20 Jn 10.38
21 1 Jn 2.5; 5.3
22 no el Iscariote
22 Hch 1.13; 10.14,41
23 1 Jn 2.24; Ap 3.20
24 Jn 7.16; 8.28; 12.49
26 Jn 15.26; 16.7,13; 1 Jn 2.20,27
27 Jn 16.33; Flp 4.7; Col 3.15
28 Vv. 3,18; Jn 5.18; 10.29,30; Flp 2.6
29 Jn 13.19
30 Jn 12.31
31 Jn 10.18; 12.49; 18.1
CAPÍTULO 15
1 Is 5.1-7; Ez 19.10
3 Jn 13.10; 17.17; Ef 5.26
4 1 Jn 2.6
5 V. 16
6 V. 2
7 Jn 14.13; 16.23

Querida mujer de propósito:

En más de veinte años de ministerio a tiempo completo (sin mencionar los cincuenta de vida ordinaria), he llegado a valorar el don del verdadero consuelo. He tenido mi parte de tragedia y dolor, y con esta, profundo lamento y desesperación. Reconozco que he tenido períodos de auto compasión y quejas. Ha habido muchas veces cuando he llorado con el salmista: «Desfallecieron mis ojos por tu palabra, diciendo: ¿Cuándo me consolarás?» (Sal 119.82).

Estar solo no ayuda en estos tiempos. El aislamiento agudiza el dolor y la pérdida. Frecuentemente, en estas ocasiones, he pensado en los discípulos y, con algo de envidia, recordaba que ellos habían tenido el consuelo de la presencia física de Jesús. Ellos caminaron con Él día a día. Ellos se agarraron fuertemente de Él cuando las circunstancias eran más aterrorizadoras. En medio de mares tormentosos, Él calmó las aguas. Cuando la enfermedad prevalecía, Él sanaba. Sus palabras tenían un poder que ellos no podían entender. Sus manos demostraban el mismo poder. Sus caminos eran misteriosos, no eran de su mundo. Ellos no podían controlarlo, dirigirlo, o bendecirlo. Pero con gran alivio y pasión, llegaron a confiar y a descansar en Él. Ellos vehementemente aceptaron todo lo que Él significaba, creyendo en su poder y amándolo a Él y al Padre que Él revelaba, aún hasta la misma muerte.

Cuando Jesús empezó a hablarles acerca de dejarlos, ellos no lo podían aceptar. Ellos no podían imaginarse la vida sin Él. Él sabía que ellos eran todavía como niños pequeños, que cuando hubiera ascendido al Padre lo necesitarían a Él y su consuelo una y otra vez. Y por eso dijo: «Y yo rogaré al Padre, y os dará otro Consolador, para que esté con vosotros para siempre» (Juan 14.16).

Otro consolador. «Otro» significa «uno como yo». Jesús estaba a punto de presentarle «otro como Él mismo» que tenía la misma capacidad, compasión, y poder para vencer al mundo. Ellos tenían que aprender a caminar de nuevo, esta vez con el Espíritu Santo.

Usted y yo debemos aprender la misma lección. No podemos ver al Espíritu Santo con nuestros ojos naturales, como los discípulos vieron a Jesús. Él no puede sujetarnos físicamente como Jesús hizo. Su voz no llena la casa con resonancia consoladora cuando tenemos también necesidad. Tenemos que aprender a caminar con Él de otra manera. Tenemos que aprender a confiar y a descansar en el Espíritu Santo y recordar que Él es como Jesús, tal como Jesús lo prometió.

Así como los discípulos aprendieron a confiar en la sabiduría discreta del desconocido de Galilea, tenemos que aprender a confiar en la tranquila voz del Espíritu Santo. Él siempre no nos dirá lo que queremos oír. Él puede moverse de maneras inesperadas. No puede ser controlado o manipulado. Pero ayudará, y consolará y calmará las tormentas que rugen en nuestras vidas y nos guiará a la verdad. Su consuelo es vital para nuestra supervivencia. Tenemos siempre una elección, cada día, entre la vida viviente y la muerte viviente. Recuerde: «El Espíritu es el que da vida» (Juan 6.63a). ¡Escoja la vida!

Lora Allison

palabras permanecen en vosotros, pedid todo lo que queréis, y os será hecho. [8] En esto es glorificado mi Padre, en que llevéis mucho fruto, y seáis así mis discípulos. [9] Como el Padre me ha amado, así también yo os he amado; permaneced en mi amor. [10] Si guardareis mis mandamientos, permaneceréis en mi amor; así como yo he guardado los mandamientos de mi Padre, y permanezco en su amor. [11] Estas cosas os he hablado, para que mi gozo esté en vosotros, y vuestro gozo sea cumplido.

Señor, nuestras vestiduras sacerdotales son la belleza de nuestro Señor y su justicia. Sin esa vestidura no tenemos derechos sacerdotales, poderes o virtudes de ninguna clase. Esta es solo otra ilustración de «Sin mí, nada podéis hacer», ni ser nada tampoco.

AMY CARMICHAEL

[12] Este es mi mandamiento: Que os améis unos a otros, como yo os he amado. [13] Nadie tiene mayor amor que este, que uno ponga su vida por sus amigos. [14] Vosotros sois mis amigos, si hacéis lo que yo os mando. [15] Ya no os llamaré siervos, porque el siervo no sabe lo que hace su señor; pero os he llamado amigos, porque todas las cosas que oí de mi Padre, os las he dado a conocer. [16] No me elegisteis vosotros a mí, sino que yo os elegí a vosotros, y os he puesto para que vayáis y llevéis fruto, y vuestro fruto permanezca; para que todo lo que pidiereis al Padre en mi nombre, él os lo dé. [17] Esto os mando: Que os améis unos a otros.

El mundo os aborrecerá

[18] Si el mundo os aborrece, sabed que a mí me ha aborrecido antes que a vosotros. [19] Si fuerais del mundo, el mundo amaría lo suyo; pero porque no sois del mundo, antes yo os elegí del mundo, por eso el mundo os aborrece. [20] Acordaos de la palabra que yo os he dicho: El siervo no es mayor que su señor. Si a mí me han perseguido, también a vosotros os perseguirán; si han guardado mi palabra, también guardarán la vuestra. [21] Mas todo esto os harán por causa de mi nombre, porque no conocen al que me ha enviado. [22] Si yo no hubiera venido, ni les hubiera hablado, no tendrían pecado; pero ahora no tienen excusa por su pecado. [23] El que me aborrece a mí, también a mi Padre aborrece. [24] Si yo no hubiese hecho entre ellos obras que ningún otro ha hecho, no tendrían pecado; pero ahora han visto y han aborrecido a mí y a mi Padre. [25] Pero esto es para que se cumpla la palabra que está escrita en su ley: Sin causa me aborrecieron. [26] Pero cuando venga el Consolador, a quien yo os enviaré del Padre, el Espíritu de verdad, el cual procede del Padre, él dará testimonio acerca de mí. [27] Y vosotros daréis testimonio también, porque habéis estado conmigo desde el principio.

16 Estas cosas os he hablado, para que no tengáis tropiezo. [2] Os expulsarán de las sinagogas; y aun viene la hora cuando cualquiera que os mate, pensará que rinde servicio a Dios. [3] Y harán esto porque no conocen al Padre ni a mí. [4] Mas os he dicho estas cosas, para que cuando llegue la hora, os acordéis de que ya os lo había dicho.

La obra del Espíritu Santo

Esto no os lo dije al principio, porque yo estaba con vosotros. [5] Pero ahora voy al que me envió; y ninguno de vosotros me pregunta: ¿A dónde vas? [6] Antes, porque os he dicho estas cosas, tristeza ha llenado vuestro corazón. [7] Pero yo os digo la verdad: Os conviene que yo me vaya; porque si no me fuera, el Consolador no vendría a vosotros; mas si me fuere, os lo enviaré. [8] Y cuando él venga, convencerá al mundo de pecado, de justicia y de juicio. [9] De pecado, por cuanto no creen en mí;

Referencias (columna central):

8 Mt 5.16; Jn 8.31
10 Jn 14.15,23
11 Jn 17.13
12 Jn 13.34
13 Ro 5.7,8; Jn 10.11
14 Mt 12.50
15 Jn 8.26
16 Jn 6.70; 14.13
17 V. 12
18 1 Jn 3.13
19 Jn 17.14
20 Mt 10.24; Lc 6.40; Jn 13.16
21 Mt 12.24; Lc 6.40; Jn 13.16
22 Jn 9.41; Ro 1.20
23 1 Jn 2.23
24 Jn 5.36
25 Sal 35.19; 69.4
26 Jn 14.16,17, 26; 1 Jn 2.1; 5.7
27 Lc 24.48; Hch 2.32; 3.15; 5.32; 10.39; 13.31; 1 Jn 4.14

CAPÍTULO 16
1 Jn 15.18-27 Mt 11.6
2 Jn 9.22; Hch 26.9,10 Is 66.5; Ap 6.9
3 Jn 15.21; 17.25; 1 Jn 3.1
4 Jn 13.19; 15.27
5 Jn 7.33; 13.36; 14.5
7 Jn 7.39; 14.16,26; 15.26
9 Jn 15.22

JUAN 15.4

Querida mujer de propósito:

Encontrar nuestro lugar de descanso y permanecer en Jesús mientras hacemos este viaje de propósitos eternos es una necesidad de cada una de nosotras. No es un lugar físico sino un lugar de reconocimiento y rendición a la voluntad de Dios. Allí podemos experimentar una paz y un consuelo del alma que refleja completa dependencia del Espíritu Santo.

Al buscar este lugar deseado y necesario, tenemos que ir más allá de nosotros mismos, de nuestras capacidades naturales, de las circunstancias que nos rodean y, especialmente, de las mentiras y acusaciones del enemigo. Este es un reino celestial que podemos compartir con nuestro Padre en los cielos. En su santa presencia, abrigados y seguros bajo sus alas de amor, es que recibimos limpieza, sanidad y dirección para el viaje de la vida. Es allí donde nos revela su voluntad y los secretos especiales.

¡Qué lugar! ¿Quiere llegar allí? Hoy, Jesús le dice: «Venid a mí todos los que estáis trabajados y cargados, y yo os haré descansar» (Mt 11.28). Para entrar en su descanso tiene que reconocer la obra completa de Cristo sobre la cruz. Tenemos que dejar de tratar de alcanzar la salvación mediante nuestros propios esfuerzos. Tenemos que aceptar la verdad de que Jesús dio su vida y de que podemos ser justificados por su preciosa sangre. La culpa y la vergüenza que siente son quitadas hoy para que pueda entrar con confianza en su lugar de descanso en Dios.

Tenemos que aprender a refugiarnos en la presencia de Dios frecuentemente, así como permanecer en ese lugar de descanso. Cuando era muy joven decidí usar mi vida para compartir el evangelio de Cristo. Siendo una mujer de propósito, mi naturaleza está orientada hacia un objetivo. Estaba determinada a hacer todo lo que pudiera para lograr los objetivos que me había propuesto. Los cumplí mediante la oración y mis propios esfuerzos. No mucho después me sentía frustrada, mentalmente exhausta, físicamente fatigada y preguntándome si todo había sido en vano.

Si vamos a permanecer en su descanso, tenemos primero que rendirnos completamente y estar dispuestas a ser quebrantadas, de morir a nosotras mismas. Tenemos que admitir delante del Señor y de nosotras que no sabemos qué hacer y que no tenemos fuerzas para hacer las cosas. La humildad es la llave que abre su lugar de descanso. Cuando perdemos todo por Él, podemos encontrarnos *en* Él.

Mientras más tiempo paso en su presencia, más me doy cuenta de que Él está en pleno control de todas las cosas; aún cuando yo no entiendo lo que Él está haciendo. Es en ese descanso que podemos escuchar el llamado para nuestro curso de acción específico y recibir estrategias que Él ha diseñado para que cumplamos sus propósitos.

El único «esfuerzo» o «trabajo» que debemos hacer es la búsqueda diaria de ese lugar de descanso. Todos tenemos la necesidad de depositar nuestros deseos y anhelos sobre el altar de Dios y confiar solo en la fuerza que recibimos de Él. Esto solo puede suceder cuando pasamos tiempo «descansando» en Él.

¡Comience hoy! Haga ajustes en su vida que le permitan pasar tiempo con el Padre; permanecer en Él. Mientras más tiempo pasemos con Él, más seremos como Él.

Miriam Witt

¹⁰ de justicia, por cuanto voy al Padre, y no me veréis más; ¹¹ y de juicio, por cuanto el príncipe de este mundo ha sido ya juzgado.

¹² Aún tengo muchas cosas que deciros, pero ahora no las podéis sobrellevar. ¹³ Pero cuando venga el Espíritu de verdad, él os guiará a toda la verdad; porque no hablará por su propia cuenta, sino que hablará todo lo que oyere, y os hará saber las cosas que habrán de venir. ¹⁴ El me glorificará; porque tomará de lo mío, y os

lo hará saber. ¹⁵ Todo lo que tiene el Padre es mío; por eso dije que tomará de lo mío, y os lo hará saber.

La tristeza se convertirá en gozo

¹⁶ Todavía un poco, y no me veréis; y de nuevo un poco, y me veréis; porque yo voy al Padre. ¹⁷ Entonces se dijeron algunos de sus discípulos unos a otros: ¿Qué es esto que nos dice: Todavía un poco y no me veréis; y de nuevo un poco, y me

Referencias:
10 Hch 3.14; 7.52; 17.31; 1 P 3.18
11 Jn 12.31
12 Mc 4.33
13 Jn 14.17,26
14 Jn 7.39
15 Jn 17.10
16 Jn 7.33; 14.18-24; 13.3
17 Vv. 16,5

AMANDA SMITH

Entre las más destacadas y valientes mujeres afronorteamericanas de la historia estaba la predicadora metodista Amanda Smith (1837-1915). Amanda nació esclava en Maryland y trabajó como fregadora antes de comenzar su trabajo en el ministerio.

Ella era una tremenda pionera que sentó un ejemplo para todas las mujeres que la siguieran en obedecer el llamado de Dios para sus vidas. Las mujeres en el ministerio frecuentemente sufren persecución y a veces aun desprecio, pero Amanda encontró particularmente ardiente oposición.

Ella definió todas las normas de vida después de la Guerra Civil Norteamericana. No solo fue una mujer evangelista, fue una mujer negra evangelista y una ex esclava. Ella debió haber estado llena de amor y gracia; porque viajó al norte y al sur predicando a gentes de todas razas y creencias. Más tarde pasó catorce años evangelizando en Inglaterra, India y África. Con lo mejor de su capacidad cumplió la Gran Comisión.

Amanda recibió oposición de sus propias iglesias afronortemericanas así como de personas blancas. Cuando su propia denominación celebró su primera conferencia general al sur del límite Mason-Dixon, Amanda hizo planes para asistir. Su apariencia provocó una gran murmuración, aun cuando dijo con sus propias palabras: «El pensamiento de la ordenación nunca había entrado en mi mente, porque yo recibí mi ordenación del Señor que dijo: "No me elegisteis vosotros a mí, sino que yo os elegí a vosotros, y os he puesto para que vayáis y llevéis fruto, y vuestro fruto permanezca; para que todo lo que pidieres al Padre en mi nombre, Él os lo dé"» (Juan 15.16).

Ella conocía el poder y la protección de ser escogidos por Dios. Ella viajó por el mundo, predicando con valentía y propagando un avivamiento. Tenemos que conocer al que nos llamó al ministerio. Muchas mujeres que ministran experimentan alguna forma de rechazo, oposición, o incomprensión. Que nosotras, como mujeres de propósito, seamos fuertes frente a la oposición y estemos dispuestas a aceptar el llamado de Dios en nuestras vidas, sin importar el costo.

veréis; y, porque yo voy al Padre? [18] Decían, pues: ¿Qué quiere decir con: Todavía un poco? No entendemos lo que habla. [19] Jesús conoció que querían preguntarle, y les dijo: ¿Preguntáis entre vosotros acerca de esto que dije: Todavía un poco y no me veréis, y de nuevo un poco y me veréis? [20] De cierto, de cierto os digo, que vosotros lloraréis y lamentaréis, y el mundo se alegrará; pero aunque vosotros estéis tristes, vuestra tristeza se convertirá en gozo. [21] La mujer cuando da a luz, tiene dolor, porque ha llegado su hora; pero después que ha dado a luz un niño, ya no se acuerda de la angustia, por el gozo de que haya nacido un hombre en el mundo. [22] También vosotros ahora tenéis tristeza; pero os volveré a ver, y se gozará vuestro corazón, y nadie os quitará vuestro gozo. [23] En aquel día no me preguntaréis nada. De cierto, de cierto os digo, que todo cuanto pidiereis al Padre en mi nombre, os lo dará. [24] Hasta ahora nada habéis pedido en mi nombre; pedid, y recibiréis, para que vuestro gozo sea cumplido.

Yo he vencido al mundo

[25] Estas cosas os he hablado en alegorías; la hora viene cuando ya no os hablaré por alegorías, sino que claramente os anunciaré acerca del Padre. [26] En aquel día pediréis en mi nombre; y no os digo que yo rogaré al Padre por vosotros, [27] pues el Padre mismo os ama, porque vosotros me habéis amado, y habéis creído que yo salí de Dios. [28] Salí del Padre, y he venido al mundo; otra vez dejo el mundo, y voy al Padre.

[29] Le dijeron sus discípulos: He aquí ahora hablas claramente, y ninguna alegoría dices. [30] Ahora entendemos que sabes todas las cosas, y no necesitas que nadie te pregunte; por esto creemos que has salido de Dios. [31] Jesús les respondió: ¿Ahora creéis? [32] He aquí la hora viene, y ha venido ya, en que seréis esparcidos cada uno por su lado, y me dejaréis solo; mas no estoy solo, porque el Padre está conmigo. [33] Estas cosas os he hablado para que en mí tengáis paz. En el mundo tendréis aflicción; pero confiad, yo he vencido al mundo.

Referencias:
- 19 Mc 9.32
- 20 Lc 23.27; Jn 20.20
- 21 1 Ts 5.3
- 22 Vv. 6,16
- 23 Mt 7.7; Jn 14.13; 15.16
- 24 Jn 15.11
- 25 Jn 10.6; Mt 13.34
- 27 Jn 14.21,23
- 28 Jn 13.3
- 29 V. 25
- 30 Jn 8.42
- 32 Mt 26.31; Mt 14.27
- 33 Jn 14.27; Col 1.20; Ro 8.37; Ap 3.21

CAPÍTULO 17
- 1 Jn 12.23; 13.32
- 2 Dn 7.14; Heb 2.8; Jn 6.37
- 3 Jn 5.44; 3.34; 6.29,57
- 4 Jn 13.31; 4.34; 14.31
- 5 Jn 1.1; Flp 2.6
- 6 Jn 6.37,39
- 8 Jn 8.28; 16.27
- 9 Lc 22.32; Jn 14.16
- 10 Jn 16.15
- 11 Jn 13.1; 7.33; Ap 19.12; Jn 10.30
- 12 Heb 2.13; Jn 6.39; 18.9; 6.70

Oh Señor, tú has hablado estas cosas a _____ , para que en ti tengan paz. En el mundo tendrán aflicciones, pero ayúdalos a confiar, porque tú has vencido al mundo.

DE JUAN 16.33

Jesús ora por sus discípulos

17 Estas cosas habló Jesús, y levantando los ojos al cielo, dijo: Padre, la hora ha llegado; glorifica a tu Hijo, para que también tu Hijo te glorifique a ti; [2] como le has dado potestad sobre toda carne, para que dé vida eterna a todos los que le diste. [3] Y esta es la vida eterna: que te conozcan a ti, el único Dios verdadero, y a Jesucristo, a quien has enviado. [4] Yo te he glorificado en la tierra; he acabado la obra que me diste que hiciese. [5] Ahora pues, Padre, glorifícame tú al lado tuyo, con aquella gloria que tuve contigo antes que el mundo fuese.

[6] He manifestado tu nombre a los hombres que del mundo me diste; tuyos eran, y me los diste, y han guardado tu palabra. [7] Ahora han conocido que todas las cosas que me has dado, proceden de ti; [8] porque las palabras que me diste, les he dado; y ellos las recibieron, y han conocido verdaderamente que salí de ti, y han creído que tú me enviaste. [9] Yo ruego por ellos; no ruego por el mundo, sino por los que me diste; porque tuyos son, [10] y todo lo mío es tuyo, y lo tuyo mío; y he sido glorificado en ellos. [11] Y ya no estoy en el mundo; mas éstos están en el mundo, y yo voy a ti. Padre santo, a los que me has dado, guárdalos en tu nombre, para que sean uno, así como nosotros. [12] Cuando estaba con ellos en el mundo, yo los guardaba en tu nombre; a los que me diste, yo los guardé, y ninguno de ellos se perdió, sino el hijo de perdición, para que la

Escritura se cumpliese. 13 Pero ahora voy a ti; y hablo esto en el mundo, para que tengan mi gozo cumplido en sí mismos. 14 Yo les he dado tu palabra; y el mundo los aborreció, porque no son del mundo, como tampoco yo soy del mundo. 15 No ruego que los quites del mundo, sino que los guardes del mal. 16 No son del mundo, como tampoco yo soy del mundo. 17 Santifícalos en tu verdad; tu palabra es verdad. 18 Como tú me enviaste al mundo, así yo los he enviado al mundo. 19 Y por ellos yo me santifico a mí mismo, para que también ellos sean santificados en la verdad.

20 Mas no ruego solamente por éstos, sino también por los que han de creer en mí por la palabra de ellos, 21 para que todos sean uno; como tú, oh Padre, en mí, y yo en ti, que también ellos sean uno en nosotros; para que el mundo crea que tú me enviaste. 22 La gloria que me diste, yo les he dado, para que sean uno, así como nosotros somos uno. 23 Yo en ellos, y tú en mí, para que sean perfectos en unidad, para que el mundo conozca que tú me enviaste, y que los has amado a ellos como también a mí me has amado. 24 Padre, aquellos que me has dado, quiero que donde yo estoy, también ellos estén conmigo, para que vean mi gloria que me has dado; porque me has amado desde antes de la fundación del mundo. 25 Padre justo, el mundo no te ha conocido, pero yo te he conocido, y éstos han conocido que tú me enviaste. 26 Y les he dado a conocer tu nombre, y lo daré a conocer aún, para que el amor con que me has amado, esté en ellos, y yo en ellos.

Arresto de Jesús

18 Habiendo dicho Jesús estas cosas, salió con sus discípulos al otro lado del torrente de Cedrón, donde había un huerto, en el cual entró con sus discípulos. 2 Y también Judas, el que le entregaba, conocía aquel lugar, porque muchas veces Jesús se había reunido allí con sus discípulos. 3 Judas, pues, tomando una compañía de soldados, y alguaciles de los principales sacerdotes y de los fariseos, fue allí con linternas y antorchas, y con armas. 4 Pero Jesús, sabiendo todas

las cosas que le habían de sobrevenir, se adelantó y les dijo: ¿A quién buscáis? 5 Le respondieron: A Jesús nazareno. Jesús les dijo: Yo soy. Y estaba también con ellos Judas, el que le entregaba. 6 Cuando les dijo: Yo soy, retrocedieron, y cayeron a tierra. 7 Volvió, pues, a preguntarles: ¿A quién buscáis? Y ellos dijeron: A Jesús nazareno. 8 Respondió Jesús: Os he dicho que yo soy; pues si me buscáis a mí, dejad ir a éstos; 9 para que se cumpliese aquello que había dicho: De los que me diste, no perdí ninguno. 10 Entonces Simón Pedro, que tenía una espada, la desenvainó, e hirió al siervo del sumo sacerdote, y le cortó la oreja derecha. Y el siervo se llamaba Malco. 11 Jesús entonces dijo a Pedro: Mete tu espada en la vaina; la copa que el Padre me ha dado, ¿no la he de beber?

Jesús ante el sumo sacerdote

12 Entonces la compañía de soldados, el tribuno y los alguaciles de los judíos, prendieron a Jesús y le ataron, 13 y le llevaron primeramente a Anás; porque era suegro de Caifás, que era sumo sacerdote aquel año. 14 Era Caifás el que había dado el consejo a los judíos, de que convenía que un solo hombre muriese por el pueblo.

Pedro en el patio de Anás

15 Y seguían a Jesús Simón Pedro y otro discípulo. Y este discípulo era conocido del sumo sacerdote, y entró con Jesús al patio del sumo sacerdote; 16 mas Pedro estaba fuera, a la puerta. Salió, pues, el discípulo que era conocido del sumo sacerdote, y habló a la portera, e hizo entrar a Pedro. 17 Entonces la criada portera dijo a Pedro: ¿No eres tú también de los discípulos de este hombre? Dijo él: No lo soy. 18 Y estaban en pie los siervos y los alguaciles que habían encendido un fuego; porque hacía frío, y se calentaban; y también con ellos estaba Pedro en pie, calentándose.

Anás interroga a Jesús

19 Y el sumo sacerdote preguntó a Jesús acerca de sus discípulos y de su doctrina. 20 Jesús le respondió: Yo públicamente he hablado al mundo; siempre he enseñado en la sinagoga y en el templo, donde se

---

14 Jn 15.19; 8.23
15 Mt 6.13
16 V. 14
17 Jn 15.3
18 Jn 20.21
19 Jn 15.13
21 Jn 10.38
22 Jn 14.20
24 Jn 12.26; Mt 25.34; v. 5
25 Jn 15.21; 16.3; 7.29; Jn 16.27
26 V. 6; Jn 15.9

CAPÍTULO 18
1 2 S 15.23
2 Lc 21.37; 22.39
3 Hch 1.16
4 Jn 6.64; 13.1,11; v. 7
7 V. 4
9 Jn 17.12
11 Mt 20.22
13 Mt 26.57; Mc 14.53; Lc 22.54
14 Jn 11.49-51
15 Mt 26.58; Mc 14.54; Lc 22.54
17 V. 25
18 Mc 14.54,6 7; Jn 21.9
19 Mt 26.59-68 Mc 14.55-65 Lc 22.63-71
20 Mt 26.55; Jn 7.26

reúnen todos los judíos, y nada he hablado en oculto. 21 ¿Por qué me preguntas a mí? Pregunta a los que han oído, qué les haya yo hablado; he aquí, ellos saben lo que yo he dicho. 22 Cuando Jesús hubo dicho esto, uno de los alguaciles, que estaba allí, le dio una bofetada, diciendo: ¿Así respondes al sumo sacerdote? 23 Jesús le respondió: Si he hablado mal, testifica en qué está el mal; y si bien, ¿por qué me golpeas? 24 Anás entonces le envió atado a Caifás, el sumo sacerdote.

Pedro niega a Jesús

25 Estaba, pues, Pedro en pie, calentándose. Y le dijeron: ¿No eres tú de sus discípulos? El negó, y dijo: No lo soy. 26 Uno de los siervos del sumo sacerdote, pariente de aquel a quien Pedro había cortado la oreja, le dijo: ¿No te vi yo en el huerto con él? 27 Negó Pedro otra vez; y en seguida cantó el gallo.

Jesús ante Pilato

28 Llevaron a Jesús de casa de Caifás al pretorio. Era de mañana, y ellos no entraron en el pretorio para no contaminarse, y así poder comer la pascua. 29 Entonces salió Pilato a ellos, y les dijo: ¿Qué acusación traéis contra este hombre? 30 Respondieron y le dijeron: Si éste no fuera malhechor, no te lo habríamos entregado. 31 Entonces les dijo Pilato: Tomadle vosotros, y juzgadle según vuestra ley. Y los judíos le dijeron: A nosotros no nos está permitido dar muerte a nadie; 32 para que se cumpliese la palabra que Jesús había dicho, dando a entender de qué muerte iba a morir.

33 Entonces Pilato volvió a entrar en el pretorio, y llamó a Jesús y le dijo: ¿Eres tú el Rey de los judíos? 34 Jesús le respondió: ¿Dices tú esto por ti mismo, o te lo han dicho otros de mí? 35 Pilato le respondió: ¿Soy yo acaso judío? Tu nación, y los principales sacerdotes, te han entregado a mí. ¿Qué has hecho? 36 Respondió Jesús: Mi reino no es de este mundo; si mi reino fuera de este mundo, mis servidores pelearían para que yo no fuera entregado a los judíos; pero mi reino no es de aquí. 37 Le dijo entonces Pilato: ¿Luego, eres tú rey? Respondió Jesús: Tú dices que yo soy rey. Yo para esto he nacido, y para esto he

venido al mundo, para dar testimonio a la verdad. Todo aquel que es de la verdad, oye mi voz. 38 Le dijo Pilato: ¿Qué es la verdad?

Y cuando hubo dicho esto, salió otra vez a los judíos, y les dijo: Yo no hallo en él ningún delito. 39 Pero vosotros tenéis la costumbre de que os suelte uno en la pascua. ¿Queréis, pues, que os suelte al Rey de los judíos? 40 Entonces todos dieron voces de nuevo, diciendo: No a éste, sino a Barrabás. Y Barrabás era ladrón.

19 Así que, entonces tomó Pilato a Jesús, y le azotó. 2 Y los soldados entretejieron una corona de espinas, y la pusieron sobre su cabeza, y le vistieron con un manto de púrpura; 3 y le decían: ¡Salve, Rey de los judíos! y le daban de bofetadas. 4 Entonces Pilato salió otra vez, y les dijo: Mirad, os lo traigo fuera, para que entendáis que ningún delito hallo en él. 5 Y salió Jesús, llevando la corona de espinas y el manto de púrpura. Y Pilato les dijo: ¡He aquí el hombre! 6 Cuando le vieron los principales sacerdotes y los alguaciles, dieron voces, diciendo: ¡Crucifícale! ¡Crucifícale! Pilato les dijo: Tomadle vosotros, y crucificadle; porque yo no hallo delito en él. 7 Los judíos le respondieron: Nosotros tenemos una ley, y según nuestra ley debe morir, porque se hizo a sí mismo Hijo de Dios. 8 Cuando Pilato oyó decir esto, tuvo más miedo. 9 Y entró otra vez en el pretorio, y dijo a Jesús: ¿De dónde eres tú? Mas Jesús no le dio respuesta. 10 Entonces le dijo Pilato: ¿A mí no me hablas? ¿No sabes que tengo autoridad para crucificarte, y que tengo autoridad para soltarte? 11 Respondió Jesús: Ninguna autoridad tendrías contra mí, si no te fuese dada de arriba; por tanto, el que a ti me ha entregado, mayor pecado tiene.

12 Desde entonces procuraba Pilato soltarle; pero los judíos daban voces, diciendo: Si a éste sueltas, no eres amigo de César; todo el que se hace rey, a César se opone. 13 Entonces Pilato, oyendo esto, llevó fuera a Jesús, y se sentó en el tribunal en el lugar llamado el Enlosado, y en hebreo Gabata. 14 Era la preparación de la pascua, y como la hora sexta. Entonces dijo a los judíos: ¡He aquí vuestro Rey! 15 Pero ellos gritaron: ¡Fuera, fuera, crucifícale! Pilato les dijo: ¿A vuestro Rey he de crucificar? Respondieron

---

Referencias:

22 V. 3;
Jn 19.3

23 Mt 5.39;
Hch 23.2-5

24 V. 13

25 V. 18

26 V. 10

27 Jn 13.38
28 Mt 27.1,2;
Mc 15.1;
Lc 23.1;
Jn 11.55;
Hch 11.3
32 Mt 20.19;
Jn 12.32,33
33 Vv. 28,29;
Jn 19.9;
Lc 23.3
36 Mt 26.53;
Lc 17.21;
Jn 6.15
37 Jn 8.47;
1 Jn 3.19;
4.6
38 Jn 19.4,6
39 Mt 27.15-18
20-23;
Mc 15.6-15;
Lc 23.18-25
40 Hch 3.14

CAPÍTULO 19
1 Mt 27.26
2 Mt 27.27-30
Mc 15.16-19
3 Jn 18.22
4 V. 6;
Jn 18.38
5 V. 2
6 Hch 3.13
7 Lv 24.16;
Mt 26.63-66
Jn 5.18;
10.33
9 Is 53.7;
Mt 27.12,14
11 Ro 13.11;
Jn 18.28
12 Lc 23.2
13 Mt 27.19
14 Mt 27.62;
Mc 15.25;
vv. 19,21

los principales sacerdotes: No tenemos más rey que César. ¹⁶ Así que entonces lo entregó a ellos para que fuese crucificado. Tomaron, pues, a Jesús, y le llevaron.

Crucifixión y muerte de Jesús

¹⁷ Y él, cargando su cruz, salió al lugar llamado de la Calavera, y en hebreo, Gólgota; ¹⁸ y allí le crucificaron, y con él a otros dos, uno a cada lado, y Jesús en medio. ¹⁹ Escribió también Pilato un título, que puso sobre la cruz, el cual decía: JESÚS NAZARENO, REY DE LOS JUDÍOS. ²⁰ Y muchos de los judíos leyeron este título; porque el lugar donde Jesús fue crucificado estaba cerca de la ciudad, y el título estaba escrito en hebreo, en griego y en latín. ²¹ Dijeron a Pilato los principales sacerdotes de los judíos: No escribas: Rey de los judíos; sino, que él dijo: Soy Rey de los judíos. ²² Respondió Pilato: Lo que he escrito, he escrito.

²³ Cuando los soldados hubieron crucificado a Jesús, tomaron sus vestidos, e hicieron cuatro partes, una para cada soldado. Tomaron también su túnica, la cual era sin costura, de un solo tejido de arriba abajo. ²⁴ Entonces dijeron entre sí: No la partamos, sino echemos suertes sobre ella, a ver de quién será. Esto fue para que se cumpliese la Escritura, que dice:

Repartieron entre sí mis vestidos,
Y sobre mi ropa echaron suertes.

Y así lo hicieron los soldados. ²⁵ Estaban junto a la cruz de Jesús su madre, y la hermana de su madre, María mujer de Cleofas, y María Magdalena. ²⁶ Cuando vio Jesús a su madre, y al discípulo a quien él amaba, que estaba presente, dijo a su madre: Mujer, he ahí tu hijo. ²⁷ Después dijo al discípulo: He ahí tu madre. Y desde aquella hora el discípulo la recibió en su casa.

²⁸ Después de esto, sabiendo Jesús que ya todo estaba consumado, dijo, para que la Escritura se cumpliese: Tengo sed. ²⁹ Y estaba allí una vasija llena de vinagre; entonces ellos empaparon en vinagre una esponja, y poniéndola en un hisopo, se la acercaron a la boca. ³⁰ Cuando Jesús hubo tomado el vinagre, dijo: Consumado es. Y habiendo inclinado la cabeza, entregó el espíritu.

El costado de Jesús traspasado

³¹ Entonces los judíos, por cuanto era la preparación de la pascua, a fin de que los cuerpos no quedasen en la cruz en el día de reposo (pues aquel día de reposo era de gran solemnidad), rogaron a Pilato que se les quebrasen las piernas, y fuesen quitados de allí. ³² Vinieron, pues, los soldados, y quebraron las piernas al primero, y asimismo al otro que había sido crucificado con él. ³³ Mas cuando llegaron a Jesús, como le vieron ya muerto, no le quebraron las piernas. ³⁴ Pero uno de los soldados le abrió el costado con una lanza, y al instante salió sangre y agua. ³⁵ Y el que lo vio da testimonio, y su testimonio es verdadero; y él sabe que dice verdad, para que vosotros también creáis. ³⁶ Porque estas cosas sucedieron para que se cumpliese la Escritura: No será quebrado hueso suyo. ³⁷ Y también otra Escritura dice: Mirarán al que traspasaron.

Jesús es sepultado

³⁸ Después de todo esto, José de Arimatea, que era discípulo de Jesús, pero secretamente por miedo de los judíos, rogó a Pilato que le permitiese llevarse el cuerpo de Jesús; y Pilato se lo concedió. Entonces vino, y se llevó el cuerpo de Jesús. ³⁹ También Nicodemo, el que antes había visitado a Jesús de noche, vino trayendo un compuesto de mirra y de áloes, como cien libras. ⁴⁰ Tomaron, pues, el cuerpo de Jesús, y lo envolvieron en lienzos con especias aromáticas, según es costumbre sepultar entre los judíos. ⁴¹ Y en el lugar donde había sido crucificado, había un huerto, y en el huerto un sepulcro nuevo, en el cual aún no había sido puesto ninguno. ⁴² Allí, pues, por causa de la preparación de la pascua de los judíos, y porque aquel sepulcro estaba cerca, pusieron a Jesús.

La resurrección

20 El primer día de la semana, María Magdalena fue de mañana, siendo aún oscuro, al sepulcro; y vio quitada la piedra del sepulcro. ² Entonces corrió, y fue a Simón Pedro y al otro discípulo, aquel al que amaba Jesús, y les dijo: Se han llevado del sepulcro al Señor, y no

---

Referencias marginales:

16 Mt 27.26; Mc 15.15; Lc 23.25
17 Lc 23.26
21 V. 14
24 Éx 28.32; Sal 22.18
25 Mt 27.55,56; Mc 15.40,41; Lc 23.49; 24.18; Jn 20.1,18
26 Jn 13.23; 20.2; 21.20; 2.4
28 Jn 13.1; 17.4; Sal 69.21
30 Jn 17.4
31 Dt 21.23; Éx 12.16
32 V. 18
34 1 Jn 5.6,8
35 Jn 15.27; 21.24
36 Éx 12.46; Nm 9.12; Sal 34.20
37 Zac 12.10
39 Jn 3.1; 7.50
40 Jn 11.44; Mt 26.12; Jn 20.5,7; Lc 24.12
42 Vv. 14,31, 20,41

CAPÍTULO 20
1 Mt 27.60,66
2 Jn 13.23; 19.26; 21.7,20,24

sabemos dónde le han puesto. ³ Y salieron Pedro y el otro discípulo, y fueron al sepulcro. ⁴ Corrían los dos juntos; pero el otro discípulo corrió más aprisa que Pedro, y llegó primero al sepulcro. ⁵ Y bajándose a mirar, vio los lienzos puestos allí, pero no entró. ⁶ Luego llegó Simón Pedro tras él, y entró en el sepulcro, y vio los lienzos puestos allí, ⁷ y el sudario, que había estado sobre la cabeza de Jesús, no puesto con los lienzos, sino enrollado en un lugar aparte. ⁸ Entonces entró también el otro discípulo, que había venido primero al sepulcro; y vio, y creyó. ⁹ Porque aún no habían entendido la Escritura, que era necesario que él resucitase de los muertos. ¹⁰ Y volvieron los discípulos a los suyos.

Jesús se aparece a María Magdalena

¹¹ Pero María estaba fuera llorando junto al sepulcro; y mientras lloraba, se inclinó para mirar dentro del sepulcro; ¹² y vio a dos ángeles con vestiduras blancas, que estaban sentados el uno a la cabecera, y el otro a los pies, donde el cuerpo de Jesús había sido puesto. ¹³ Y le dijeron: Mujer, ¿por qué lloras? Les dijo: Porque se han llevado a mi Señor, y no sé dónde le han puesto. ¹⁴ Cuando había dicho esto, se volvió, y vio a Jesús que estaba allí; mas no sabía que era Jesús. ¹⁵ Jesús le dijo: Mujer, ¿por qué lloras? ¿A quién buscas? Ella, pensando que era el hortelano, le dijo: Señor, si tú lo has llevado, dime dónde lo has puesto, y yo lo llevaré. ¹⁶ Jesús le dijo: ¡María! Volviéndose ella, le dijo: ¡Raboni! (que quiere decir, Maestro). ¹⁷ Jesús le dijo: No me toques, porque aún no he subido a mi Padre; mas ve a mis hermanos, y diles: Subo a mi Padre y a vuestro Padre, a mi Dios y a vuestro Dios. ¹⁸ Fue entonces María Magdalena para dar a los discípulos las nuevas de que había visto al Señor, y que él le había dicho estas cosas.

Jesús se aparece a los discípulos

¹⁹ Cuando llegó la noche de aquel mismo día, el primero de la semana, estando las puertas cerradas en el lugar donde los discípulos estaban reunidos por miedo de los judíos, vino Jesús, y puesto en medio,

les dijo: Paz a vosotros. ²⁰ Y cuando les hubo dicho esto, les mostró las manos y el costado. Y los discípulos se regocijaron viendo al Señor. ²¹ Entonces Jesús les dijo otra vez: Paz a vosotros. Como me envió el Padre, así también yo os envío. ²² Y habiendo dicho esto, sopló, y les dijo: Recibid el Espíritu Santo. ²³ A quienes remitiereis los pecados, les son remitidos; y a quienes se los retuviereis, les son retenidos.

Incredulidad de Tomás

²⁴ Pero Tomás, uno de los doce, llamado Dídimo, no estaba con ellos cuando Jesús vino. ²⁵ Le dijeron, pues, los otros discípulos: Al Señor hemos visto. El les dijo: Si no viere en sus manos la señal de los clavos, y metiere mi dedo en el lugar de los clavos, y metiere mi mano en su costado, no creeré.

²⁶ Ocho días después, estaban otra vez sus discípulos dentro, y con ellos Tomás. Llegó Jesús, estando las puertas cerradas, y se puso en medio y les dijo: Paz a vosotros. ²⁷ Luego dijo a Tomás: Pon aquí tu dedo, y mira mis manos; y acerca tu mano, y métela en mi costado; y no seas incrédulo, sino creyente. ²⁸ Entonces Tomás respondió y le dijo: ¡Señor mío, y Dios mío! ²⁹ Jesús le dijo: Porque me has visto, Tomás, creíste; bienaventurados los que no vieron, y creyeron.

Padre, tu Palabra se escribió para que los que la lean crean que Jesús es el Cristo, el Hijo de Dios. Y si creen, _____ puedan tener vida en tu nombre.

DE JUAN 20.31

El propósito del libro

³⁰ Hizo además Jesús muchas otras señales en presencia de sus discípulos, las cuales no están escritas en este libro. ³¹ Pero

---

Referencias:

3 Lc 24.12
5 Jn 19.40
8 V. 4
9 Mt 22.29; Lc 24.26,46
11 Mc 16.5; v. 5
12 Mt 28.2,3; Mc 16.5; Lc 24.4
13 V. 2
14 Mt 28.9; Jn 21.4
15 V. 13
17 Mt 28.10; v. 27; Jn 7.33
18 Lc 24.10,13
19 Lc 24.36-39; vv. 21,26
20 Lc 24.39,40; Jn 16.20,22
21 Mt 28.19; Jn 17.18,19
23 Mt 16.19; 18.18
24 Jn 11.16
25 V. 20
26 V. 21
27 V. 25. Lc 24.40
29 1 P 1.8
30 Jn 21.25
31 Jn 19.35; 3.15

éstas se han escrito para que creáis que Jesús es el Cristo, el Hijo de Dios, y para que creyendo, tengáis vida en su nombre.

Jesús se aparece a siete de sus discípulos

21 Después de esto, Jesús se manifestó otra vez a sus discípulos junto al mar de Tiberias; y se manifestó de esta manera: ² Estaban juntos Simón Pedro, Tomás llamado el Dídimo, Natanael el de

Caná de Galilea, los hijos de Zebedeo, y otros dos de sus discípulos. ³ Simón Pedro les dijo: Voy a pescar. Ellos le dijeron: Vamos nosotros también contigo. Fueron, y entraron en una barca; y aquella noche no pescaron nada.

⁴ Cuando ya iba amaneciendo, se presentó Jesús en la playa; mas los discípulos no sabían que era Jesús. ⁵ Y les dijo: Hijitos, ¿tenéis algo de comer? Le respondieron: No. ⁶ El les dijo: Echad la red a la

CAPÍTULO 21
1 Jn 20.19,26;
6.1
2 Jn 11.16;
1.45;
Mt 4.21;
Mc 1.19;
Lc 5.10
3 Lc 5.5
4 Jn 20.14
5 Lc 24.41
6 Lc 5.4,6,7

MARÍA MAGDALENA

María Magdalena era una mujer cambiada. Esta seguidora fiel de Jesucristo una vez tuvo un encuentro con Él que cambió su vida para siempre. Aunque la Escritura revela poco sobre su pasado, sabemos que había estado poseída por siete demonios y por lo tanto por un tormento inimaginable. Pero Jesús la liberó e hizo posible para ella una vida de paz e integridad. Una mujer que una vez había estado controlada por espíritus malignos se convirtió en una mujer consumida por una completa devoción y amor por Jesús.

María Magdalena era una de las del pequeño grupo de mujeres que seguían a Jesús casi tan de cerca como sus doce discípulos. En realidad, tres de estas fieles mujeres hicieron tal impresión en Lucas que él registró sus nombres en la Escritura: María Magdalena, Juana y Susana (véase Lucas 8.2,3). De acuerdo con él estas estaban entre «otras muchas que le servían de sus bienes» (8.3). Estas mujeres estaban tan entregadas a Jesús y a su ministerio que ellas lo mantenían de sus recursos personales.

A través de los Evangelios, María Magdalena nunca parece estar lejos de Jesús. Donde quiera que se menciona un grupo de mujeres ella está en medio de ellas (véase Mt 27.55,56; Mc 15.40; 16.1; Lc 23.55,56; 24.10). Ella siguió a Jesús todo el camino al Calvario y vio como exhalaba su ultimo aliento. Ella siguió a Jesús más allá de la muerte, fue una de las dos mujeres mencionadas en la Biblia «que miraban dónde lo ponían» (Mc 15.47) y trajo especias para ungir su cuerpo la mañana de la resurrección (véase Mc 16.9).

María Magdalena entró al jardín probablemente planeando pasar la mañana haciendo un último favor al que le había dado tanto. Pero en vez de poder honrar a Jesús al ungirlo, ella fue honrada por permitírsele ser la primera testigo de su resurrección. Con las otras mujeres ella estaba entre las primeras en oír las palabras más revolucionarias de la historia: "¡Ha resucitado el Señor!". En el relato de Juan ella fue la primera en escuchar al Señor resucitado decir su nombre; la primera a quién Él se reveló y la primera en escucharlo emitir el llamado que todavía resuena para las mujeres de hoy:

¡Propagar las buenas nuevas de que Él vive!

derecha de la barca, y hallaréis. Entonces la echaron, y ya no la podían sacar, por la gran cantidad de peces. [7] Entonces aquel discípulo a quien Jesús amaba dijo a Pedro: ¡Es el Señor! Simón Pedro, cuando oyó que era el Señor, se ciñó la ropa (porque se había despojado de ella), y se echó al mar. [8] Y los otros discípulos vinieron con la barca, arrastrando la red de peces, pues no distaban de tierra sino como doscientos codos.

[9] Al descender a tierra, vieron brasas puestas, y un pez encima de ellas, y pan. [10] Jesús les dijo: Traed de los peces que acabáis de pescar. [11] Subió Simón Pedro, y sacó la red a tierra, llena de grandes peces, ciento cincuenta y tres; y aun siendo tantos, la red no se rompió. [12] Les dijo Jesús: Venid, comed. Y ninguno de los discípulos se atrevía a preguntarle: ¿Tú, quién eres? sabiendo que era el Señor. [13] Vino, pues, Jesús, y tomó el pan y les dio, y asimismo del pescado. [14] Esta era ya la tercera vez que Jesús se manifestaba a sus discípulos, después de haber resucitado de los muertos.

Apacienta mis ovejas

[15] Cuando hubieron comido, Jesús dijo a Simón Pedro: Simón, hijo de Jonás, ¿me amas más que éstos? Le respondió: Sí, Señor; tú sabes que te amo. El le dijo: Apacienta mis corderos. [16] Volvió a decirle la segunda vez: Simón, hijo de Jonás, ¿me amas? Pedro le respondió: Sí, Señor; tú sabes que te amo. Le dijo: Pastorea mis ovejas. [17] Le dijo la tercera vez: Simón, hijo de Jonás, ¿me amas? Pedro se entristeció de que le dijese la tercera vez: ¿Me amas? y le respondió: Señor, tú lo sabes todo; tú sabes que te amo. Jesús le dijo: Apacienta mis ovejas. [18] De cierto, de cierto te digo: Cuando eras más joven, te ceñías, e ibas a donde querías; mas cuando ya seas viejo, extenderás tus manos, y te ceñirá otro, y te llevará a donde no quieras. [19] Esto dijo, dando a entender con qué muerte había de glorificar a Dios. Y dicho esto, añadió: Sígueme.

El discípulo amado

[20] Volviéndose Pedro, vio que les seguía el discípulo a quien amaba Jesús, el mismo que en la cena se había recostado al lado de él, y le había dicho: Señor, ¿quién es el que te ha de entregar? [21] Cuando Pedro le vio, dijo a Jesús: Señor, ¿y qué de éste? [22] Jesús le dijo: Si quiero que él quede hasta que yo venga, ¿qué a ti? Sígueme tú. [23] Este dicho se extendió entonces entre los hermanos, que aquel discípulo no moriría. Pero Jesús no le dijo que no moriría, sino: Si quiero que él quede hasta que yo venga, ¿qué a ti?

[24] Este es el discípulo que da testimonio de estas cosas, y escribió estas cosas; y sabemos que su testimonio es verdadero.

[25] Y hay también otras muchas cosas que hizo Jesús, las cuales si se escribieran una por una, pienso que ni aun en el mundo cabrían los libros que se habrían de escribir. Amén.

7 Jn 13.23; 20.2; v. 20
9 Vv. 10,13
13 V. 9
14 Jn 20.19,26
15 Jn 13.37; Mt 26.33; Mc 14.29
16 Mt 2.6; Hch 20.28; 1 P 5.2; Ap 7.17
17 Jn 16.30; v. 16
19 2 P 1.14
20 V. 7; Jn 13.25
22 Mt 16.27, 28; 25.31; 1 Co 4.5; 11.26; Ap 2.25; 3.11; 22.7,20
23 Hch 1.15
24 Jn 15.27; 19.35
25 Jn 20.30